高等职业教育产教融合新形态精品教材

跨境电商初级运营

（活页式教材）

主　编：李灵杰
副主编：刘一沛　马　娅　刘细丰
参　编：唐　洪　钱利芝

北京理工大学出版社
BEIJING INSTITUTE OF TECHNOLOGY PRESS

版权专有　侵权必究

图书在版编目（CIP）数据

跨境电商初级运营/李灵杰主编. —北京：北京理工大学出版社，2023.5

ISBN 978-7-5763-2435-8

Ⅰ.①跨… Ⅱ.①李… Ⅲ.①电子商务－运营管理－高等学校－教材 Ⅳ.①F713.365.1

中国国家版本馆 CIP 数据核字（2023）第 096684 号

出版发行 / 北京理工大学出版社有限责任公司
社　　址 / 北京市海淀区中关村南大街 5 号
邮　　编 / 100081
电　　话 /(010) 68914775（总编室）
　　　　　(010) 82562903（教材售后服务热线）
　　　　　(010) 68944723（其他图书服务热线）
网　　址 / http：//www.bitpress.com.cn
经　　销 / 全国各地新华书店
印　　刷 / 河北盛世彩捷印刷有限公司
开　　本 / 787 毫米 × 1092 毫米　1/16
印　　张 / 17.75　　　　　　　　　　　　　　　责任编辑 / 徐艳君
字　　数 / 452 千字　　　　　　　　　　　　　　文案编辑 / 徐艳君
版　　次 / 2023 年 5 月第 1 版　2023 年 5 月第 1 次印刷　　责任校对 / 周瑞红
定　　价 / 59.80 元　　　　　　　　　　　　　　责任印制 / 施胜娟

图书出现印装质量问题，请拨打售后服务热线，本社负责调换

前　言

党的二十大报告提出，必须完整、准确、全面贯彻新发展理念，坚持社会主义市场经济改革方向，坚持高水平对外开放，加快构建以国内大循环为主体、国内国际双循环相互促进的新发展格局。党的十八大以来，党中央把握时代大势，顺应历史潮流，统筹国内国际两个市场两种资源，推进高水平对外开放，我国对外贸易取得历史性成就，货物贸易、服务贸易规模分别跃居全球第一位和第二位，贸易大国地位进一步巩固，贸易结构不断优化，贸易效益显著提升，正在向贸易强国迈进。党的二十大报告指出，要加快建设贸易强国，其主要任务之一就是促进跨境电商健康持续创新发展。推进跨境电商综合试验区建设，鼓励引导多元主体建设海外仓，优化跨境电商零售进口监管；推进市场采购贸易方式发展，发挥外贸综合服务企业带动作用，提升保税维修业务发展水平，稳步推进离岸贸易发展。作为一种新业态新模式，跨境电子商务已成为我国外贸发展的新动能、转型升级的新渠道和高质量发展的新抓手。

"跨境电子商务"是职业院校电子商务专业的核心课程之一。本教材借鉴与参考跨境电商企业一线最新要求和职业标准编写而成，通过行动导向教学，注重学生专业能力、职业核心能力和独立解决问题能力的培养，以真实工作场景重现的形式让学生深入学习内容，注重知识应用和解决问题的能力培养，满足跨境电商行业实践一线岗位能力需求，以学生职业能力为培养靶向目标，将专业知识、工作方法与职业素养深度集成，通过学习方法培养、技能手段训练、职业习惯养成三方面，搭建有效课堂的专业知识框架，突出"做中学、做中教"的职业教育特色。

本教材在编写过程中，始终以学生为中心，以学生的认知能力为出发点，以培养学生实际操作跨境电商平台的能力为主线，针对目前高职学生的实际情况，按照职业成长规律，模块任务设置遵循真实工作岗位的工作流程，从简单到复杂，知识由浅入深。本教材共分四个模块，每个模块包含若干个项目，每个项目细分成若干任务，将知识内容与任务实施分成了两部分。本教材以学生工作任务清单形式，引导学生在"做"任务的同时，理解、消化知识，并培养操作技能；同时可在做任务的过程中，查阅书本知识，激发学生的学习能动性，培养学习能力。本教材具有以下特色：

1. 以速卖通平台为例，将跨境电商运营助理岗位的工作流程进行教学化处理，重构四大模块，按照工作流程设置十一个项目及相应学习任务。

2. 注重岗位技能训练，可灵活替换产品案例，符合行业、企业人才培养目标，以真实速卖通运营项目为载体设计教学内容，创设真实、沉浸式教学环境。

3. 设置思政园地，通过相关案例学习培养学生的社会主义核心价值观。

4. 数字资源丰富，教材中嵌入二维码，学生可扫码查阅经典案例、微课、操作指南等数字资源，后续将推出更多数字资源，便于线上线下结合教学。

5. 将职业素养养成纳入理实一体化教学过程中，使学生能够形成良好的行为习惯，并在实践中不断地内化为素养。

本教材由李灵杰担任主编，刘一沛、马娅、刘细丰担任副主编，唐洪、钱利芝参与编写，同时得到重庆诺维奇进出口贸易有限公司等的大力支持，速卖通官方提供了大量的素材。

由于编者水平有限，书中难免会出现不足和错误之处，敬请广大读者批评指正。

编　者

目 录

模块一 规则认知 (1)

项目一 基础规则学习 (1)
任务一 卖家基本义务规则学习 (1)
任务二 交易基本规则学习 (9)
任务三 违规处罚规则学习 (18)

项目二 营销规则学习 (27)
任务一 平台活动类型学习 (27)
任务二 申请平台营销规则学习 (35)
任务三 促销活动违规处罚规则学习 (46)

项目三 物流规则学习 (53)
任务一 物流方式简介 (53)
任务二 商家违规规则学习 (61)
任务三 物流相关规则学习 (69)

模块二 物流设计 (78)

项目四 平台物流方式简介 (78)
任务一 经济简易包邮 (78)
任务二 标准包邮 (89)
任务三 海外仓 (99)

项目五 物流方式选择 (108)
任务一 常见国家物流费用对比 (108)
任务二 物流常见异常情况处理 (116)
任务三 物流能力评估 (126)

项目六　物流模板制作 (133)
任务一　低运费模板制作 (133)
任务二　高运费模板制作 (140)
任务三　核心国家包邮模板制作 (146)

模块三　商品上架 (152)

项目七　标题撰写 (152)
任务一　标题组合结构 (152)
任务二　标题撰写技巧 (161)
任务三　标题撰写优化 (170)

项目八　主图选择 (180)
任务一　主图标准 (180)
任务二　主图选择技巧 (192)

项目九　详情页制作 (201)
任务一　文案写作 (201)
任务二　图片选择 (211)
任务三　其他信息填写 (219)

模块四　订单处理 (231)

项目十　咨询服务 (231)
任务一　售前咨询 (231)
任务二　售中咨询 (239)
任务三　售后咨询 (246)

项目十一　订单跟踪 (254)
任务一　订单发货 (254)
任务二　订单退换货 (264)
任务三　订单补发 (271)

教材导读

建议在教学过程中采取"系统学习(视频、微课、教师讲授)+工作任务清单指导(学生自学+学生实操+课后练习)"的行动导向教学方式。具体教学组织建议按《跨境电商初级运营》教材教学组织实施导程表实施。

1. 关于系统学习

建议按模块进行系统学习,通过课堂教师讲授,配以相应的实操、微课等,加深学生对专业知识的理解与认知。

《跨境电商初级运营》教材教学组织实施导程表

项目序列	学生课堂工作任务	课堂教学内容	学时分配
模块一:规则认知	项目一:基础规则学习	1. 卖家基本义务规则学习 2. 交易基本规则学习 3. 违规处罚规则学习	6
	项目二:营销规则学习	1. 平台活动类型学习 2. 申请平台营销规则学习 3. 促销活动违规处罚规则学习	6
	项目三:物流规则学习	1. 物流方式简介 2. 商家违规规则学习 3. 物流相关规则学习	6
模块二:物流设计	项目四:平台物流方式简介	1. 经济简易包邮 2. 标准包邮 3. 海外仓	6
	项目五:物流方式选择	1. 常见国家物流费用对比 2. 物流常见异常情况处理 3. 物流能力评估	6
	项目六:物流模板制作	1. 低运费模板制作 2. 高运费模板制作 3. 核心国家包邮模板制作	6

续表

项目序列	学生课堂工作任务	课堂教学内容	学时分配
模块三：商品上架	项目七：标题撰写	1. 标题组合结构 2. 标题撰写技巧 3. 标题撰写优化	6
	项目八：主图选择	1. 主图标准 2. 主图选择技巧	4
	项目九：详情页制作	1. 文案写作 2. 图片选择 3. 其他信息填写	6
模块四：订单处理	项目十：咨询服务	1. 售前咨询 2. 售中咨询 3. 售后咨询	6
	项目十一：订单跟踪	1. 订单发货 2. 订单退换货 3. 订单补发	6
合　　计			64

2. 关于工作任务清单的使用

配合课堂教学，可利用工作任务清单实施引导教学法，即按任务清单指导，学生进行专业知识学习及实操练习，并通过工作任务清单后的任务拓展加以巩固，做中学、学中练。

考虑到教学认知规律，本教材每个任务都以工作场景描述和任务描述作为引导，让学生在开始学习之前对学习目标和背景有所了解，在明确任务目标及重难点后再开始相关知识点的学习。实训部分包含任务实施、任务评价及任务拓展。在任务实施中，学生通过课前预习、课中练习和课后巩固三次进阶实训，能够全方位地对所学知识及操作进行考察；在任务评价中，教材提供了小组内评价、小组间评价以及教师评价三个维度的评价表，可以根据实际教学情况进行选择；在任务拓展中，教材提供了个人反思、小组优化以及拓展训练任务，方便教师和学生进行课后巩固。除此以外，本教材在每个任务结束后还提供了思政园地、行业观察、协作创新三个板块的课外资料，供教师、学生参考。

本教材内容包括四大模块，分别为平台规则、物流设计、产品上架及订单处理，覆盖跨境电商运营助理岗位的基本工作内容，通过速卖通真实店铺平台，讲授店铺运营的基本内容，使学生具备操作店铺、上架商品、订单处理等基本运营技能，培养具备互联网思维及营销逻辑的跨境电商运营人才，在不断的学习与练习中，让学生对运营岗位有认同感。每个任务2课时，全部讲授完成建议用64课时。其中，任务清单可配合课堂教学使用。同时，建议配合速卖通真实平台开展教学，更加有益于提升教学效果。

模块一　规则认知

项目一　基础规则学习

任务一　卖家基本义务规则学习

一、工作场景描述

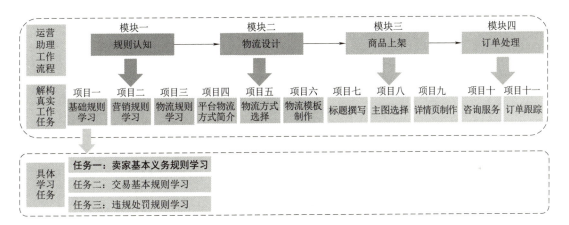

根据跨境电商运营助理岗位的工作流程，将课程分为四个模块，并解构工作内容，设计十一个项目和对应的学习任务。本任务为模块一"规则认知"项目一"基础规则学习"中的第一个任务——"卖家基本义务规则学习"，将用2学时完成。

二、任务描述

某电商公司想要在速卖通平台上开店，运营助理需要不断更新平台规则，确保开店运营合规进行。图1-1-1为全球速卖通平台的规则界面。

本次任务需要完成速卖通基础规则的了解与应用。

图1-1-1 全球速卖通平台的规则界面

三、任务目标及重难点

通过本次任务，你应达到以下目标。

知识目标	1. 了解速卖通卖家基本义务； 2. 掌握速卖通卖家基本义务的应用场景
能力目标	1. 能够准确找到速卖通规则频道； 2. 能够根据实际经营情况找到对应的规则
素质目标	培养学生的合规意识、自主学习的习惯和工匠精神
学习重点	掌握速卖通卖家基本义务的内容
学习难点	能够根据实际经营情况找到对应的规则

四、相关知识点

1. 全球速卖通平台规则（卖家规则）基础规则第一章 卖家基本义务全文

第一条 卖家在平台的任何行为应遵守中国及其他国家可适用的法律、法规、规章、政令、判决等规范性文件。对任何涉嫌违法的行为，平台有权依照本规则进行处罚或处理。同时，速卖通对卖家的处理不免除其应尽的任何法律责任。

第二条 作为交易市场的卖方，卖家应就双方达成买卖交易自主对买家负责，切实履行卖家的信息披露、质量保证、发货与服务、售后及质保等义务。同时，卖家有义务了解并熟悉交易过程中的平台对买家市场规定，遵守并提供善意、合理的配合。

第三条 遵守平台各类目的商品发布规则；禁止发布禁限售的商品或信息，详见全球速卖通禁限售商品目录。

第四条 尊重他人的知识产权,严禁未经授权发布、销售侵犯第三方知识产权的商品,包括但不限于商标、著作权、专利等,详见全球速卖通知识产权规则。

第五条 卖家应恪守诚信经营原则,及时履行订单要求,兑现服务承诺等,不得出现虚假交易、虚假发货、货不对版等不诚信行为,详见交易类规则。

第六条 保障消费者知情权,履行信息披露的义务。发布商品应如实描述,包括但不限于在商品描述页面、店铺页面、站内信、速卖通通信系统等所有平台提供的渠道中,向买家就自己提供的商品和服务进行真实、完整的描述,包括但不限于对物流、售后、保险等服务的方式、价格,商品的基本属性、功能、包装、成色、价格等等,不应作虚假或误导性陈述。禁止进行包括但不限于如下行为:

第一,发布误导性折扣。在促销开始前大幅度提高商品原价再打折出售,夸大折扣的价值以诱导买家消费。

第二,发布不合理或虚假价格。包括但不限于为吸引关注,设置过高或过低的商品价格,实际并无此商品销售;在特殊时期哄抬物价,扰乱市场;设置多种参考价格,未明确各种价格的含义;在促销活动中虚构原价,标示的原价并不存在或者从未有过交易记录。

第三,开展限时减价、折价等价格促销活动时虚构促销期限及商品价值,使用"最后一天""仅限今日"等不实语言或者其他带有欺骗性、误导性的语言、文字、图片等标价,诱导买家消费。

第四,采取价外馈赠或捆绑方式销售商品、提供服务时,不如实标示馈赠物品的真实价格、品名、数量,或者馈赠物品为假劣商品。

第七条 保证出售的商品在合理期限内可以正常使用,包括商品不存在危及人身财产安全的风险,具备商品应当具备的使用性能、符合商品或其包装上注明采用的标准等。

第八条 卖家不遵守本章约定,严重违反卖家基本义务,全球速卖通保留依照本规则进行市场管理的权利。基于维护市场良好秩序、保障买家权益的目的,全球速卖通有权进行商品品质抽检及真假鉴定(包括但不限于通过自购或从消费者处获取,通过独立第三方质检机构或品牌权利人进行鉴定、指令合作物流公司协助抽检等);在速卖通不定时地检查卖家出售商品是否具有合法来源、是否为真时,卖家有义务保留并出示相关商品合法进货来源的凭证。对于速卖通有理由认为检查结果不良,或卖家无法提供相关凭证的,速卖通有权对卖家或店铺采取限制措施,包括但不限于扣分、删除商品、关闭店铺、限制其他技术服务等。

2. 常见问题

问题1:如何判定是否有虚假性折扣?

平台会结合历史价格变化与促销价(与折扣前原价相比)进行综合考虑,若价格变化明显超出合理幅度,则认定为有虚假性折扣。

问题2:何为不合理价格?

产品价格应当位于同类型产品价格的合理范围内,过分高于或低于该合理范围即为不合理价格。

3. 全球速卖通禁限售违禁信息列表
4. 全球速卖通知识产权规则

全球速卖通禁限售违禁信息列表

全球速卖通知识产权规则

五、任务实施

1. 课前预习

请浏览"全球速卖通平台规则(卖家规则)"网址,熟悉各规则查询入口。

2. 课中练习

任务清单一　知识考察

问题1:卖家发布商品应如实描述,包括但不限于哪些内容?
_____
_____

问题2:卖家发布商品的行为禁止有哪些?
_____
_____

任务清单二　找到规则频道路径

步骤	网址	截图
第一步		
第二步		
第三步		

任务清单三　请结合实际情况找到对应规则

情况1:当卖家处于未开店时,应明确哪些义务?
_____
_____

情况2:卖家上架商品时,需要遵守哪些规则?
_____
_____

情况3:卖家处理订单时,应该注意什么?
_____
_____

情况4:卖家准备发货时,应该注意什么?
_____
_____

任务清单四　知识产权商标查询方法

平台	网址	查询步骤	备注
中国商标局			
美国 TESS			
欧盟 EUIPO			
世界知识产权组织			

3. 课后巩固

小组围绕知识产权相关规则展开讨论，以某平台为例，尝试查询商标的注册情况，请每个小组展示。

六、任务评价

1. 小组内评价（见表 1–1–1）

表 1–1–1　小组内评价

组员 1 姓名		学号		
评价指标	评价要点		分值	得分
参与态度	积极主动交流		30	
	能提出个人见解		40	
	互相尊重		30	
组员 1 组内评价得分				
组员 2 姓名		学号		
评价指标	评价要点		分值	得分
参与态度	积极主动交流		30	
	能提出个人见解		40	
	互相尊重		30	
组员 2 组内评价得分				
组员 3 姓名		学号		
评价指标	评价要点		分值	得分
参与态度	积极主动交流		30	
	能提出个人见解		40	
	互相尊重		30	
组员 3 组内评价得分				
组员 4 姓名		学号		
评价指标	评价要点		分值	得分
参与态度	积极主动交流		30	
	能提出个人见解		40	
	互相尊重		30	
组员 4 组内评价得分				

2. 小组间评价（见表1－1－2）

表1－1－2　小组间评价

小组编号			
评价指标	评价要点	分值	得分
展示效果	声音洪亮	10	
	表达清晰	30	
任务完成质量	商标注册信息搜索完整	30	
	小组分享内容准确	30	
小组得分			

3. 教师评价（见表1－1－3）

表1－1－3　教师评价

评价维度	评价指标	评价权重	评价要点	分值	得分
知识40%	单项知识掌握度	课程预习	学习资料的预习情况	10	
		基本知识	掌握课程知识内容	10	
		作业提交	作业提交情况	20	
能力40%	学习成果	信息搜集（20分）	完整性：能够完成任务清单的所有内容	5	
			准确性：能够准确搜集规则信息	10	
			规范性：能够按照任务要求规范分析	5	
		规则搜索（10分）	完整性：能够完成任务清单的所有内容	3	
			准确性：能够准确搜集规则信息	3	
			功能性：能够充分利用平台提示完成任务	4	
		规则认知（10分）	完整性：能够完成查找规则的所有任务	3	
			准确性：能够准确分析基本规则	3	
			高效性：能够按照时间进度完成任务	4	
素质20%	工匠素养		有操守：政治意识与诚信守法	3	
			有情怀：家国情怀与文化传承	3	
			关注跨境电商领域，勇于创新	3	
			细心：严谨认真，积极参与课堂活动	2	
			恒心：自主学习，勇于克服困难	2	
			精心：精益求精	2	
			责任心：服从组织调配和管理，敢于担当	2	
	劳动素养		吃苦耐劳，与时俱进	3	
任务一合计得分					

七、任务拓展

1. 个人反思（见表1-1-4）

表1-1-4　个人反思

姓名		学号		组号	
评价指标	评价内容			分值	分数评定
信息检索	能有效利用网络平台查找与跨境电商相关的规则等；能将查到的信息有效地传递到学习中			10	
感知课堂生活	熟悉速卖通基本规则内容，认同工作价值；在学习中能获得满足感			10	
参与态度	积极主动与教师、同学交流，相互尊重、理解、平等；与教师、同学之间能够保持多向、丰富、适宜的信息交流			10	
	能处理好合作学习和独立思考的关系，做到有效学习；能提出有意义的问题或能发表个人见解			10	
知识获得	能说出卖家基本义务的内容			10	
	能区分常见知识产权内容			10	
	能准确找到规则频道			10	
	能根据实际经营情况找到对应规则			10	
思维态度	能发现问题、提出问题、分析问题、解决问题、创新问题			10	
自评反馈	按时按质完成任务；较好地掌握了知识点；具有较强的信息分析能力和理解能力；具有较为全面严谨的思维能力并能条理清楚地表达成文			10	
自评分数					
有益的经验和做法					
总结反馈建议					

2. 小组优化

以小组为单位，围绕知识产权规则展开讨论，列举身边常见的知识产权现象，针对拟上架的商品进行知识产权分类及优化。

3. 拓展训练

以小组为单位，梳理拟上架产品的知识产权情况，将所查询的信息进行汇总并回答以下问题。

问题1:什么是临时限制令(TRO)?

_____

_____

_____

问题2:临时限制令的影响是什么?

_____

_____

_____

问题3:临时限制令重点品牌预警信息(以小组为单位汇总)。

思政园地	行业观察	协作创新
《跨境电商合规白皮书》发布,企业合规发展全流程指导解读	跨境电商主要经营及合规风险解析	"入驻速卖通不到1年成为口碑店铺"的创业故事

任务二 交易基本规则学习

一、工作场景描述

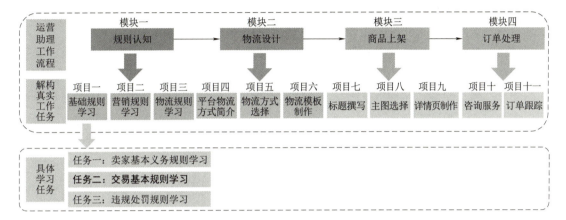

根据跨境电商运营助理岗位的工作流程,将课程分为四个模块,并解构工作内容,设计十一个项目和对应的学习任务。本任务为模块一"规则认知"项目一"基础规则学习"中的第二个任务——"交易基本规则学习",将用 2 学时完成。

二、任务描述

某电商公司想要在速卖通平台上开店,运营助理了解了卖家基本义务后,需要向各部门总结归纳与交易相关的基本规则,包括注册店铺、缴纳保障金、发布商品、物流等内容。

本次任务需要完成交易基本规则的归纳及梳理。

三、任务目标及重难点

通过本次任务,你应达到以下目标。

知识目标	1. 了解交易基础规则相关内容; 2. 掌握认证、准入、开通店铺及发布商品的规则
能力目标	1. 能够正确找到缴纳保障金的规则和入口; 2. 能够遵守商标准入规则
素质目标	培养学生的规则意识、自主学习习惯、归纳总结习惯
学习重点	掌握商品发布相关规则
学习难点	能够将交易基本规则进行归纳及梳理

四、相关知识点

1. 交易基础规则：注册相关

第一节 注　　册

第九条 卖家在速卖通所使用的邮箱不得包含违反国家法律法规、涉嫌侵犯他人权利或干扰全球速卖通运营秩序的相关信息，否则速卖通有权要求卖家更换相关信息。

第十条 卖家在速卖通注册使用的邮箱、联系信息等必须属于卖家授权代表本人，速卖通有权对该邮箱进行验证；否则速卖通有权拒绝提供服务。

第十一条 卖家有义务妥善保管账号的访问权限。账号下（包括但不限于卖家在账号下开设的子账号内的）所有的操作及经营活动均视为卖家的行为。

第十二条 全球速卖通有权终止、收回未通过身份认证或连续 180 天未登录速卖通或 TradeManager 的账户。

第十三条 用户在全球速卖通的账户因严重违规被关闭，不得再重新注册帐户；如被发现重新注册了账号，速卖通有权立即停止服务、关闭卖家账户。

第十四条 速卖通的会员 ID 在账号注册后由系统自动分配，不可修改。

2. 交易基础规则：认证、准入及开通店铺相关

第十五条 速卖通平台接受依法注册并正常存续的个体工商户或公司开店，并有权对卖家的主体状态进行核查、认证，包括但不限于委托支付宝进行实名认证。通过支付宝进行实名认证的卖家，在对速卖通账号与支付宝账户绑定过程中，应提供真实有效的法定代表人姓名身份信息、联系地址、注册地址、营业执照等信息。

第十六条 若已通过认证，根据系统流程完成类目招商准入，此后卖家方可发布商品，商品发布数量限制 3 000 个以内（只有店铺经营表现获得评估后的商家方可提升商品发布数量），行业对于发布数量有特殊规定的，详见《商品发布数量的实施细则》。

第十七条 卖家（无论是个体工商户还是公司）还应依法设置收款账户。应按照卖家规则提供保证金，或按照第十七条之二向网商银行（见第十七条之二定义）缴纳履约担保保证金；未完成上述任一资金缴纳的，卖家不得开始线上销售。

第十七条之一 卖家同意就每个开设的店铺，按入驻的类目（经营大类）在其指定的支付宝账号内缴存一笔资金，并由支付宝冻结作为平台规则的履约保证金（"保证金"）。如卖家的店铺入驻多个类目（经营大类），如卖家规则无其他规定，则就该店铺卖家应缴纳多个类目（经营大类）中金额要求最高的保证金。

第十七条之二 对于平台及浙江网商银行股份有限公司（以下简称"网商银行"）审核通过的卖家，卖家将无须缴纳保证金，但卖家将接受由网商银行作为担保人，为其依照平台规则在速卖通开展经营行为，向速卖通提供的担保服务（"履约担保服务"），为此卖家同意向网商银行支付固定金额作为其履行上述义务的反担保（"履约担保保证金"）。

卖家同意就每个注册、开设的店铺，按入驻类目（经营大类）的规定金额在其指定的支付宝内缴存履约担保保证金，由支付宝划转至网商银行。如卖家的店铺入驻多个类目（经营大类），如卖家规则无其他规定，则就该店铺卖家应缴纳多个类目（经营大类）中金额要求最高的履约担保保证金。

第十八条　商品发布后，卖家将在平台自动开通店铺，即基于速卖通技术服务、用于展示商品的虚拟空间（"店铺"）。除本规则或其他协议约定外，完成认证的卖家在速卖通可最多开设六个虚拟店铺。店铺不具独立性或可分性，是平台提供的技术服务，卖家不得就店铺进行转让或任何交易。

第十九条　卖家承诺并保证账号注册及认证为同一主体，认证主体即为速卖通账户的权责承担主体。如卖家使用阿里巴巴集团下其他平台账号（包括但不限于淘宝账号、天猫账号、1688账号等）申请开通类目服务，卖家需承诺并保证在速卖通认证的主体与该账号在阿里巴巴集团下其他平台的认证主体一致，否则平台有权立即停止服务、关闭速卖通账号；同时，如卖家使用速卖通账号申请注册或开通阿里巴巴集团下其他平台账号，卖家需承诺并保证将使用同一主体在相关平台进行认证或相关登记，否则平台有权立即停止服务、关闭速卖通账号。

第二十条　完成认证的卖家不得在速卖通注册或使用买家账户，如速卖通有合理依据怀疑卖家以任何方式在速卖通注册买家账户，速卖通有权立即关闭买家会员账户，且对卖家依据本规则进行市场管理。情节严重的，速卖通有权立即停止对卖家的服务。

第二十一条　卖家不得以任何方式交易速卖通账号（或卖家的其他权利义务），包括但不限于转让、出租或出借账户。如有相关行为的，卖家应对该账号下的行为承担连带责任，且速卖通有权立即停止服务、关闭该速卖通账户。

第二十二条　完成认证、入驻的卖家主动退出或被准出速卖通平台、不再经营的，平台将停止卖家账号下的类目服务权限（包括但不限于收回站内信、已完结订单留言功能及店铺首页功能等）、停止店铺访问支持。若卖家在平台停止经营超过一年的（无论账号是否使用），平台有权关闭该账号。

第二十三条　速卖通店铺名和二级域名需要遵守命名规范《速卖通二级域名申请及使用规范》，不得包含违反国家法律法规、涉嫌侵犯他人权利或干扰全球速卖通运营秩序等相关信息，否则速卖通有权拒绝卖家使用相关店铺名和二级域名，或经发现后取消店铺名和二级域名。

3. 交易基本规则：商标准入及经营

第二十四条　为保证消费者权益，卖家申请经营商标产品，需提供系统要求的商标注册证、授权书或进货发票，审核通过后方可发布商标商品。本规则下"商标"是指已获得法定商标管理部门颁发的商标注册证或商标受理通知书的商标。

第二十五条　限制类商标的准入和经营限制

1）店铺不得销售涉嫌不正当竞争的相关商标（"限制类商标"），即属于任一下列类型的商标或品牌：

①与速卖通已有的品牌、频道、业务、类目等相同或近似的；
②包含行业名称或通用名称或行业热搜词的；
③包含知名人士、地名的品牌；
④与知名品牌相同或近似的；
⑤纯图形商标；
⑥经营品牌封闭管理规则的行业，不属于行业邀约品牌名单且未通过品牌审核的。

2）对于入驻时申请经营限制类商标产品的，速卖通有权拒绝或终止入驻申请；对于已经营限制类商标产品的,速卖通有权要求按照卖家规则规定的程序对相关产品进行下架。

第二十六条　影响消费者权利品牌的准入和经营限制。如卖家经营的品牌在准入中或准入后出现以下情况,平台将有权按卖家规则下架该品牌的商品,卖家不得继续经营:

1)品牌商品被速卖通或第三方专业机构证明由不具备生产资质的生产商生产的,不符合国家、地方、行业、企业强制性标准的;

2)该品牌经速卖通或第三方专业机构判定对他人商标、商品名称、包装和装潢、企业名称、产品质量标志等构成仿冒或容易造成消费者混淆、误认的;

3)品牌在经营期间被证明存在高纠纷率、高投诉率、低市场认可度,品牌商品描述平均分严重低于行业平均水平,严重影响消费者体验,经平台告知后在一个月内无明显改善的。

4. 交易基础规则:发布商品

第二十七条　选择"标准销售计划"的店铺,店铺内在线商品数量上限为3 000个;选择"基础销售计划"的店铺,店铺内在线商品数量上限为300个;特殊类目(Special Category)下每个类目在线商品数量上限5个。平台保留为行业发展、消费者利益而不时调整可发布商品数的权利。

第二十八条　商品如实描述及对其所售商品质量承担保证责任是卖家的基本义务。"商品如实描述"是指卖家在商品描述页面、店铺页面等所有速卖通提供的渠道中,应当对商品的基本属性、成色、瑕疵等必须说明的信息进行真实、完整的描述。

第二十九条　卖家应保证其出售的商品在进口国法律规定的合理期限内可以正常使用,包括商品不存在危及人身财产安全的不合理危险、具备商品应当具备的使用性能、符合商品或其包装上注明采用的标准等。

第三十条　卖家在速卖通发布商品应当严格遵守本规则下,详见《速卖通行业标准》。

五、任务实施

1. 课中练习

任务清单一　知识考察

问题1:速卖通注册相关规则有哪些?

_____
_____
_____

问题2:店铺不得销售哪些涉嫌不正当竞争的相关商标("限制类商标")或品牌?

_____
_____

任务清单二 商品发布数量的实施细则

（2021 年）

_____

_____

任务清单三 保证金规则及缴纳入口

问题 1：速卖通各类目保证金一览表（节选）

经营范围	2021 经营大类	保证金	可发布类目	服务指标考核
1				
2				
3				
4				
5				
6				
7				

保证金缴纳入口：登录店铺—账号及认证—我的申请—类目经营权申请（见图 1－2－1）。

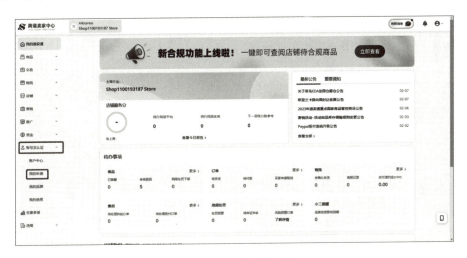

图 1－2－1 保证金缴纳入口

任务清单四 商标准入规则考察

问题 1：哪些情况下，平台有权按卖家规则下架该品牌的商品，卖家无法继续经营店铺？

_____

_____

2. 课后巩固

以小组为单位，下载母婴类目服务指标考核表格，展开讨论，请每小组展示店铺运营思路。

母婴类目考核指标

六、任务评价

1. 小组内评价（见表1-2-1）

表1-2-1 小组内评价

组员1姓名		学号			
评价指标	评价要点			分值	得分
参与态度	积极主动交流			30	
	能提出个人见解			40	
	互相尊重			30	
组员1组内评价得分					
组员2姓名		学号			
评价指标	评价要点			分值	得分
参与态度	积极主动交流			30	
	能提出个人见解			40	
	互相尊重			30	
组员2组内评价得分					
组员3姓名		学号			
评价指标	评价要点			分值	得分
参与态度	积极主动交流			30	
	能提出个人见解			40	
	互相尊重			30	
组员3组内评价得分					
组员4姓名		学号			
评价指标	评价要点			分值	得分
参与态度	积极主动交流			30	
	能提出个人见解			40	
	互相尊重			30	
组员4组内评价得分					

2. 小组间评价（见表1-2-2）

表1-2-2 小组间评价

小组编号			
评价指标	评价要点	分值	得分
展示效果	声音洪亮	10	
	表达清晰	30	
任务完成质量	相关规则搜索完整	30	
	运营思路表述准确	30	
	小组得分		

3. 教师评价（见表1-2-3）

表1-2-3 教师评价

评价维度	评价指标	评价权重	评价要点	分值	得分
知识40%	单项知识掌握度	课程预习	学习资料的预习情况	10	
		基本知识	掌握课程知识内容	10	
		作业提交	作业提交情况	20	
能力40%	学习成果	信息搜集（20分）	完整性：能够完成任务清单的所有内容	5	
			准确性：能够准确搜集规则信息	10	
			规范性：能够按照任务要求规范分析	5	
		保证金信息（10分）	完整性：能够完成任务清单的所有内容	3	
			准确性：能够准确找到保证金规则	3	
			功能性：能够充分利用平台提示完成任务	4	
		归纳整理（10分）	完整性：能够完成基本规则的归纳整理	3	
			准确性：能够准确搜索信息	3	
			高效性：能够按照时间进度完成任务	4	
素质20%	工匠素养		有操守：政治意识与诚信守法	3	
			有情怀：家国情怀与文化传承	3	
			关注跨境电商领域，勇于创新	3	
			细心：严谨认真，积极参与课堂活动	2	
			恒心：自主学习，勇于克服困难	2	
			精心：精益求精	2	
			责任心：服从组织调配和管理，敢于担当	2	
	劳动素养		吃苦耐劳，与时俱进	3	
			任务二合计得分		

七、任务拓展

1. 个人反思（见表1-2-4）

表1-2-4 个人反思

姓名		学号		组号	
评价指标	评价内容			分值	分数评定
信息检索	能有效利用网络平台查找与商品发布相关的规则等；能将查到的信息有效地传递到学习中			10	
感知课堂生活	熟悉交易基本规则，认同工作价值；在学习中能获得满足感			10	
参与态度	积极主动与教师、同学交流，相互尊重、理解、平等；与教师、同学之间能够保持多向、丰富、适宜的信息交流			10	
	能处理好合作学习和独立思考的关系，做到有效学习；能提出有意义的问题或能发表个人见解			10	
知识获得	能说出交易基础规则相关内容			10	
	能掌握发布商品相关规则			10	
	能找到保证金缴纳入口			10	
	能遵守商标准入规则			10	
思维态度	能发现问题、提出问题、分析问题、解决问题、创新问题			10	
自评反馈	按时按质完成任务；较好地掌握了知识点；具有较强的信息分析能力和理解能力；具有较为全面严谨的思维能力并能条理清楚地表达成文			10	
自评分数					
有益的经验和做法					
总结反馈建议					

2. 小组优化

以小组为单位，补充类目保证金一览表，熟悉经营大类下可发布的产品类目，并对拟上架商品进行类目归类。

3. 拓展训练

以服饰行业为例，了解行业标准，完成以下内容。

问题1：产品发布-标题发布规范有哪些？
_____
_____
_____

问题2：产品图片统一规范有哪些？
_____
_____
_____

问题3：产品描述规范有哪些？
_____
_____
_____

思政园地	行业观察	协作创新
跨境电商创业的法律准备	速卖通2022战略	跨境电商企业外贸转型升级新渠道

任务三　违规处罚规则学习

一、工作场景描述

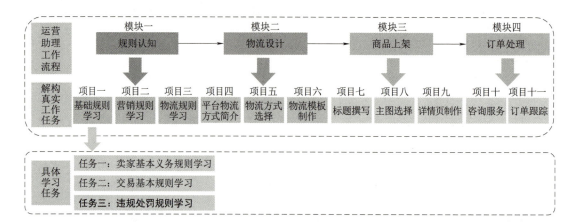

根据跨境电商运营助理岗位的工作流程,将课程分为四个模块,并解构工作内容,设计十一个项目和对应的学习任务。本任务为模块一"规则认知"项目一"基础规则学习"中的第三个任务——"违规处罚规则学习",将用2学时完成。

二、任务描述

店铺违规会影响运营效果,运营助理需要特别注意违规处罚规则,并通知相关部门注意规避。

本次任务需要完成违规处罚相关规则的学习。

三、任务目标及重难点

通过本次任务,你应达到以下目标。

知识目标	1. 掌握常见的处罚措施; 2. 掌握违规类型的分类
能力目标	1. 能够判断知识产权违规的各种处罚措施; 2. 能够找到各种交易违规行为的具体处罚规则
素质目标	培养学生规则意识、合规经营理念、持续学习的习惯
学习重点	掌握违规类型的分类
学习难点	能够根据实际情况找到交易违规的具体处罚规则

四、相关知识点

1. 违规处理措施

第六十九条 为保障消费者、卖家或速卖通的正当权益，在卖家违规处理期间速卖通按照本规则规定的情形对卖家采取以下违规处理措施，直至速卖通确认风险基本可控后予以部分或全部解除管控：

1) 警告，指速卖通通过口头或书面的形式对卖家的不当行为进行提醒和告诫。
2) 调整搜索排名，指调整店铺的部分或全部商品在搜索结果中的排序。
3) 屏蔽，指卖家的所有商品（包括违规商品和非违规商品），除了在卖家店铺能看到外，在前台搜索页面不会有任何展示。
4) 限制发送站内信，指禁止速卖通卖家发送站内信。
5) 删除评价，指店铺评分等删除不计分，并删除评论内容。
6) 限制发布商品，指禁止全球速卖通卖家发布新商品。
7) 品牌下挂，指限制或禁止该品牌商品在平台展示。
8) 下架商品，指全球速卖通对卖家商品进行下架。
9) 删除商品，指全球速卖通对卖家商品进行删除。
10) 限制参加营销活动，指限制卖家参加平台发起或协助组织的营销活动。
11) 关闭经营权限，指关闭卖家单个经营类目/整个经营大类的权限。
12) 关闭提前放款功能，指关闭卖家使用提前放款的功能。
13) 冻结账户，指下架店铺内所有出售中的商品，限制发布商品。
14) 冻结卖家账户资金（包括但不限于国际支付宝账户/速卖通账户），直至平台认为已经风险可控。
15) 关闭账户，指冻结账户，同时限制发送站内信、停止店铺访问、冻结卖家账号资金180天。
16) 关闭账户的同时，平台有权根据违规严重情况对卖家其余订单进行审核处理。
17) 限制卖家销往特定国家，指限制卖家将商品销往特定国家。
18) 删除信用及销量，指删除店铺的全部或部分信用积分，及删除店铺全部商品或部分商品的销量记录。

同时，除上述违规处理措施外，如卖家违反有关国家法律法规或平台规则，直接或间接致使速卖通遭受任何重大损失，速卖通均有权要求卖家承担全部损失赔偿责任，上述损失包括但不限于任何行政管理部门因上述卖家违法行为作出的直接或间接的处罚，速卖通为保证平台、多数卖家或买家的合理权利而采取补救措施所承担的成本，速卖通被判决须承担的对第三方的违约金或赔偿金，速卖通代卖家向买家支付的退款、违约金或赔偿额，速卖通支付的律师费用，消除影响所支出的必要费用等。

速卖通将对其正在进行中的订单按以下方式处理：

1) 买家已下单但未付款的订单：关闭订单。
2) 买家已付款（风控审核中）而卖家未发货的订单：关闭订单，订单款项将全额退给买家（备注：平台判定发货的标准为卖家是否已在平台填写并提供货运单号）。

3）买家已付款（风控审核通过后）而卖家未发货的订单：冻结订单，卖家需提供发货证明、进货证明（部分产品需提供相关资质证明）；如果卖家无法提供相关证明，关闭订单，订单款将全额退给买家；如果卖家提供相关证明，订单解冻，允许此订单按正常交易流程进行（备注：平台判定发货的标准为卖家是否已在平台填写并提供货运单号）。

4）卖家已发货而未产生纠纷的订单：冻结订单，卖家需提供发货证明、进货证明（部分产品需提供相关资质证明）；如果卖家无法提供相关证明，关闭订单，订单款将全额退给买家；如果卖家能够提供相关证明，订单解冻，允许此订单按正常交易流程进行。

5）已产生纠纷的订单：卖家需在全球速卖通平台限定的申诉期内进行举证，速卖通将根据买卖双方提供的举证材料对纠纷进行判定。

6）交易成功但未放款的订单：冻结订单款资金，卖家需提供发货证明、进货证明（部分产品需提供相关资质证明），如果卖家无法提供相关证明，订单款将全额退给买家。

7）其他订单情况：如果有其他订单情况，全球速卖通平台可酌情处理，要求卖家提供相关证明材料才能进行判定。

8）如果卖家涉嫌在全球速卖通平台同时注册或控制使用其他账号，以上订单处理方法也适用其关联账号的订单。

2. 违规类型分类及处理

第七十条 平台将违规行为根据违规性质归类分为知识产权禁限售违规、交易违规及其他、商品信息质量违规、知识产权严重违规四套积分制。四套积分分别扣分、分别累计、处罚分别执行。

第七十一条 知识产权禁限售违规包括：知识产权侵权一般违规、禁限售商品发布违法行为；积分累计达48分，账号将执行关闭。

第七十二条 知识产权严重违规包括：知识产权侵权严重违规行为；侵权严重违规行为实行三次违规成立者关闭账号（侵权情节特别严重者直接关闭账号）

第七十三条 交易违规及其他包括：交易违规行为及其他平台杜绝的违规行为；积分累计达48分，账号将执行关闭。

第七十四条 商品信息质量违规包括：搜索作弊等商品发布违规行为；积分累计达12分及12分倍数，账号将执行冻结7天。

第七十五条 积分清零逻辑：四套积分的每个违规行为的分数按行为年累计计算，行为年是指每项扣分都会被记录365天，比如2013年2月1日12点被扣了6分，这个6分要到2014年2月1号12点才被清零。

第七十六条 速卖通四套积分体系处罚节点见表1-3-1。

表1-3-1 速卖通四套积分体系处罚节点

违规类型	违规节点	处罚
知识产权严重违规	第一次违规	冻结（以违规记录展示为准）
	第二次违规	冻结（以违规记录展示为准）
	第三次违规	关闭

续表

违规类型	违规节点	处罚
知识产权禁限售违规	2 分	警告
	6 分	限制商品操作 3 天
	12 分	冻结账号 7 天
	24 分	冻结账号 14 天
	36 分	冻结账号 30 天
	48 分	关闭
交易违规及其他	12 分	冻结账号 7 天
	24 分	冻结账号 14 天
	36 分	冻结账号 30 天
	48 分	关闭
商品信息质量违规	12 分及 12 分倍数	冻结账号 7 天

第七十七条 如果卖家涉嫌在平台同时注册或控制使用其他账号，速卖通可将该账号进行冻结并同时清退。

第七十八条 若卖家因违反平台规则，被平台处以关闭账户或清退处理的，为保护买家及权利人的合法权益，平台将同时冻结卖家的支付宝国际账户/速卖通账户 6 个月；违规情节特别严重的，平台有权决定冻结 1～2 年。针对严重扰乱平台秩序，给平台或其他卖家造成实际损害的，速卖通有权冻结卖家的支付宝国际账户/速卖通账户，直至平台认为被损害的一方得到合理赔偿。

第七十九条 冻结期间，卖家对于支付宝国际账户/速卖通账户不能进行提现等资金操作，支付宝国际账户/速卖通账户中的资金也将被冻结。

第八十条 冻结期间，若卖家未产生退款、赔付或其他纠纷的，冻结期满，平台将支付宝国际账户中的资金（如有）返还给卖家，支付宝国际账户同时关闭。

第八十一条 冻结期间，若卖家因纠纷、银行拒付或其他原因产生退款或赔付义务的，平台有权对卖家支付宝国际账户/速卖通账户中的资金进行相应的退款、赔付操作；冻结期满，平台将支付宝国际账户/速卖通账户中的资金余额（如有）返还给卖家，支付宝国际账户/速卖通账户同时关闭。

3. 知识产权具体规则（见表 1-3-2）

表 1-3-2 知识产权具体规则

侵权类型	定义	处罚规则
商标侵权	严重违规：未经注册商标权人许可，在同一种商品上使用与其注册商标相同或相似的商标	三次违规者关闭账号
著作权侵权	一般违规：其他未经权利人许可使用他人商标的情况	1. 首次违规扣 0 分； 2. 其后每次重复违规扣 6 分； 3. 累计达 48 分者关闭账号

续表

侵权类型	定义	处罚规则
专利侵权	未经权利人授权，擅自使用受版权保护的作品材料，如文本、照片、视频、音乐和软件，构成著作权侵权。 实物层面侵权： 1. 盗版实体产品或其包装； 2. 实体产品或其包装非盗版，但包括未经授权的受版权保护的作品。 信息层面侵权：产品及其包装不侵权，但未经授权在店铺信息中使用图片、文字等受著作权保护的作品	1. 首次违规扣 0 分； 2. 其后每次重复违规扣 6 分； 3. 累计达 48 分者关闭账号（严重违规情况，三次违规者关闭账号）

1. 速卖通会按照侵权商品投诉被受理时的状态，根据相关规定对相关卖家实施适用处罚。

2. 同一天内所有一般违规及著作权侵权投诉，包括所有投诉成立（商标权或专利权：被投诉方被同一知识产权投诉，在规定期限内未发起反通知，或虽发起反通知，但反通知不成立；著作权：被投诉方被同一著作权人投诉，在规定期限内未发起反通知，或虽发起反通知，但反通知不成立）及速卖通平台抽样检查，扣分累计不超过 6 分。

3. 三天内所有严重违规，包括所有投诉成立（即被投诉方被同一知识产权投诉，在规定期限内未发起反通知；或虽发起反通知，但反通知不成立）及速卖通平台抽样检查，只会作一次违规计算；三次严重违规者关闭账号，严重违规次数记录累计，不区分侵权类型。

4. 速卖通有权对卖家商品违规及侵权行为及卖家店铺采取处罚，包括但不限于退回或删除商品/信息、限制商品发布、暂时冻结账户及关闭账号。对于关闭账号的卖家，速卖通有权采取措施防止该卖家再次在速卖通上进行登记。

5. 每项违规行为由处罚之日起 365 天有效。

6. 当卖家侵权情节特别显著或极端时，速卖通有权对卖家单方面采取解除速卖通商户服务协议及免费会员资格协议、直接关闭卖家账号及速卖通酌情判断与其相关联的所有账号、及/或采取其他为保护消费者或权利人的合法权益或平台正常的经营秩序，由速卖通酌情判断认为适当的措施。该情况下，速卖通除有权直接关闭账号外，还有权冻结卖家关联国际支付宝账户资金/速卖通账户资金，其中依据包括为确保消费者或权利人在行使投诉、举报、诉讼等救济权利时，其合法权益得以保障。"侵权情节特别显著或极端"包括但不限于以下情形：

（1）卖家侵权行为的情节特别严重；

（2）权利人针对速卖通提起诉讼或法律要求；

（3）卖家因侵权行为被权利人起诉，被司法、执法或行政机关立案处理；

（4）应司法、执法或行政机关要求速卖通处置账号或采取其他相关措施；

（5）卖家所销售的商品在产品属性、来源、销售规模、影响面、损害等任一因素方面造成较大影响的；

（6）构成严重侵权的其他情形（如以错放类目、使用变形词、遮盖商标、引流等手段规避）。

7. 速卖通保留以上处理措施的最终解释权及决定权，也会保留与之相关的一切权利。

8. 基于商品合规和贸易风险，平台会基于各国合规要求，针对历史上因知识产权禁限售累计扣分满 24 分及以上或历史上多次因风险品牌投诉侵权，平台保留针对特定卖家在重点国家区域做流量屏蔽等管控的权利。

9. 本规则内如中文和非中文版本存在不一致、歧义或冲突，应以中文版为准。

 五、任务实施

1. 课中练习

任务清单一　知识考察

违规类型	违规节点	处罚

任务清单二　知识产权违规措施及处罚

侵权类型	定义	处罚规则

任务清单三　找到各种交易违规的具体规则

违规情况	网址	定义	处罚
虚假发货			
严重货不对版			
恶意骚扰			
不正当竞争			
诱导提前收货			
引导线下交易			

2. 课后巩固

以小组为单位，选择平台近期高风险禁令品牌展开讨论，进一步理解知识产权违规内涵，并进行展示。

六、任务评价

1. 小组内评价（见表1-3-3）

表1-3-3 小组内评价

组员1姓名		学号		
评价指标	评价要点		分值	得分
参与态度	积极主动交流		30	
	能提出个人见解		40	
	互相尊重		30	
组员1组内评价得分				
组员2姓名		学号		
评价指标	评价要点		分值	得分
参与态度	积极主动交流		30	
	能提出个人见解		40	
	互相尊重		30	
组员2组内评价得分				
组员3姓名		学号		
评价指标	评价要点		分值	得分
参与态度	积极主动交流		30	
	能提出个人见解		40	
	互相尊重		30	
组员3组内评价得分				
组员4姓名		学号		
评价指标	评价要点		分值	得分
参与态度	积极主动交流		30	
	能提出个人见解		40	
	互相尊重		30	
组员4组内评价得分				

2. 小组间评价（见表1-3-4）

表1-3-4 小组间评价

小组编号			
评价指标	评价要点	分值	得分
展示效果	声音洪亮	10	
	表达清晰	30	
任务完成质量	商品信息搜索完整	30	
	规则识别准确	30	
小组得分			

3. 教师评价（见表1-3-5）

表1-3-5 教师评价

评价维度	评价指标	评价权重	评价要点	分值	得分
知识40%	单项知识掌握度	课程预习	学习资料的预习情况	10	
		基本知识	掌握课程知识内容	10	
		作业提交	作业提交情况	20	
能力40%	学习成果	信息搜集（20分）	完整性：能够完成任务清单的所有内容	5	
			准确性：能够准确搜集规则信息	10	
			规范性：能够按照任务要求规范分析	5	
		违规规则（10分）	完整性：能够完成任务清单的所有内容	3	
			准确性：能够准确搜集违规规则	3	
			功能性：能够充分利用平台提示完成任务	4	
		知识产权（10分）	完整性：能够完成知识产权规则学习	3	
			准确性：能够准确找到规则入口	3	
			高效性：能够按照时间进度完成任务	4	
素质20%	工匠素养		有操守：政治意识与诚信守法	3	
			有情怀：家国情怀与文化传承	3	
			关注跨境电商领域，勇于创新	3	
			细心：严谨认真，积极参与课堂活动	2	
			恒心：自主学习，勇于克服困难	2	
			精心：精益求精	2	
			责任心：服从组织调配和管理，敢于担当	2	
	劳动素养		吃苦耐劳，与时俱进	3	
任务三合计得分					

七、任务拓展

1. 个人反思（见表 1-3-6）

表 1-3-6 个人反思

姓名		学号		组号	
评价指标	评价内容			分值	分数评定
信息检索	能有效利用网络平台查找与跨境电商合规经营相关的规则等；能将查到的信息有效地传递到学习中			10	
感知课堂生活	熟悉平台违规处罚规则，认同工作价值；在学习中能获得满足感			10	
参与态度	积极主动与教师、同学交流，相互尊重、理解、平等；与教师、同学之间能够保持多向、丰富、适宜的信息交流			10	
	能处理好合作学习和独立思考的关系，做到有效学习；能提出有意义的问题或能发表个人见解			10	
知识获得	能说出常见的处罚措施			10	
	能区分常见的违规类型			10	
	能判断知识产权违规情况			10	
	能根据实际情况找到对应规则			10	
思维态度	能发现问题、提出问题、分析问题、解决问题、创新问题			10	
自评反馈	按时按质完成任务；较好地掌握了知识点；具有较强的信息分析能力和理解能力；具有较为全面严谨的思维能力并能条理清楚地表达成文			10	
自评分数					
有益的经验和做法					
总结反馈建议					

2. 小组优化

以小组为单位，在知识产权查询平台进行搜索，更新高风险禁令品牌信息。

3. 拓展训练

以小组为单位，选择感兴趣的知识产权品牌，进行案例分析，并完成优化。

思政园地：卖仿品被处罚

行业观察：《全球跨境电商品牌出海生态报告》全文发布

协作创新：数字化营销时代中国跨境出海企业如何打造海外市场品牌

项目二 营销规则学习

任务一 平台活动类型学习

一、工作场景描述

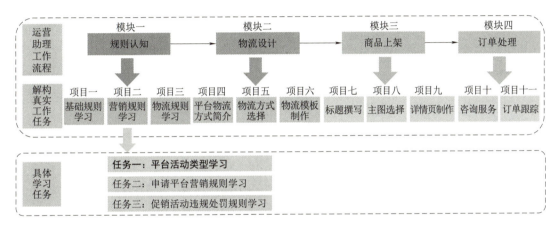

根据跨境电商运营助理岗位的工作流程,将课程分为四个模块,并解构工作内容,设计十一个项目和对应的学习任务。本任务为模块一"规则认知"项目二"营销规则学习"中的第一个任务——"平台活动类型学习",将用 2 学时完成。

二、任务描述

营销活动是店铺运营工作的必备任务之一,运营助理需要明确店铺可以参加的营销活动有哪些,才可能为店铺带来更多的流量和订单。平台的营销板块界面见图 2-1-1。

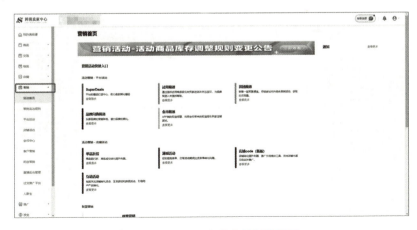

图 2-1-1 平台的营销板块界面

本次任务需要完成店铺能够参加的营销活动的梳理工作。

三、任务目标及重难点

通过本次任务，你应达到以下目标。

知识目标	1. 掌握平台的营销活动类型； 2. 掌握单品折扣相关内容
能力目标	1. 能够说出满减活动的内容； 2. 能够区分平台和店铺各种活动的特点
素质目标	培养学生的营销意识、互联网意识、创造精神和工匠精神
学习重点	掌握平台和店铺各种活动的特点
学习难点	能够找到对应的营销活动入口

四、相关知识点

1. 速卖通平台营销的类型

速卖通平台的营销类型有活动营销、联盟营销、直通车营销、粉丝营销、社交推广营销等，活动营销又分为平台活动和店铺活动，其中店铺活动可以根据运营目标和店铺情况设置（见图2-1-2）。

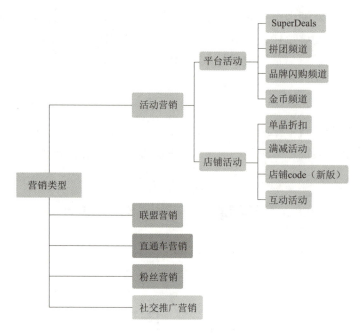

图2-1-2 速卖通平台的营销类型

2. 部分平台营销活动

SuperDeals 活动是全球速卖通推出的推广品牌，它占据着全球速卖通平台的首页推广位，免费推广"高质量标准，超低出售价"的产品。目前活动主要针对有销量的、高折扣的促销产品进行招商。这里将会是平台最具性价比产品的集合，也是推广自身品牌的最佳展台。SuperDeals 活动有单品直降和秒杀活动。

SuperDeals 单品直降和 SuperDeals 秒杀活动对俄语系国家不生效，如俄罗斯、白俄罗斯、阿塞拜疆、亚美尼亚、格鲁吉亚、哈萨克斯坦、吉尔吉斯斯坦、摩尔多瓦、土库曼斯坦、塔吉克斯坦和乌兹别克斯坦，以上国家消费者下单时会按照商品其他价格生效，如单品折扣、零售价（含区域价）。买家 APP 的展示界面见图 2-1-3。

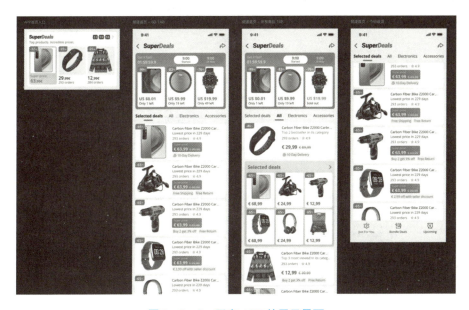

图 2-1-3　买家 APP 的展示界面

金币频道是以金币为载体，致力于提升卖家运营效率和消费者活跃度的虚拟货币流通体系。消费者可在购后、加购、游戏行为中获得金币，金币可以进行下单折扣、兑换平台权益、参与各类互动；商家可以用金币参与各项活动玩法，获得流量资源。平台活动设置入口界面见图 2-1-4，也可以按时间查询活动（见图 2-1-5）。

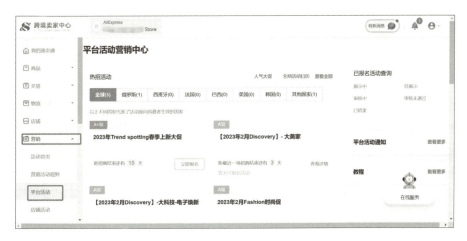

图 2-1-4　平台活动设置入口界面

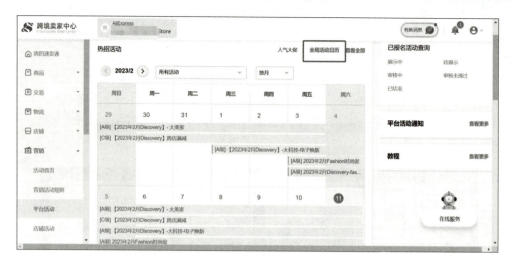

图 2-1-5 按时间查询活动

3. 单品折扣活动

单品折扣活动，用于店铺自主营销。单品的打折信息将在搜索、详情、购物车等买家路径中展示，提高买家购买转化，快速出单。单品折扣设置入口界面见图 2-1-6。

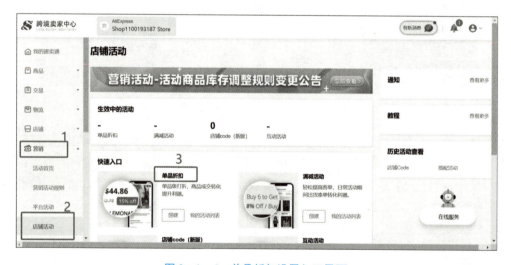

图 2-1-6 单品折扣设置入口界面

4. 满减活动

满减活动是一款店铺自主营销工具，只要开通了速卖通店铺，即可免费使用。卖家可以根据自身经营状况，对店铺设置"满 X 元优惠 Y 元"的促销规则，即订单总额满足 X 元，买家付款时则享受 Y 元优惠扣减。重要提示：满件折/满立减的优惠是与店铺其他活动优惠叠加使用的，对于已经参加折扣活动的商品，买家购买时以折扣后的价格计入满件折/满立减规则中。所以，同时使用打折工具和满件折/满立减工具时，一定要准确计算店铺的利润。满减活动设置入口界面见图 2-1-7。

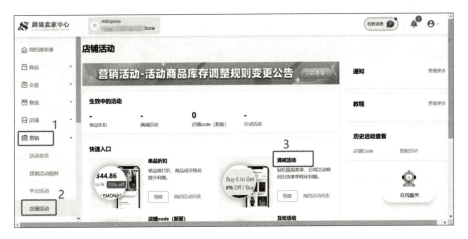

图 2-1-7 满减活动设置入口界面

 五、任务实施

1. 课中练习

任务清单一　平台活动类型

活动名称	活动含义	活动入口

任务清单二　店铺活动类型

活动名称	活动含义	活动入口

任务清单三　其他营销活动的定义及入口

活动名称	活动含义	活动入口

2. 课后巩固

请每个小组认真浏览速卖通平台营销主页，讨论每个活动的设置目标和报名入口，并进行展示。

 六、任务评价

1. 小组内评价（见表 2–1–1）

表 2–1–1　小组内评价

组员1 姓名		学号		
评价指标	评价要点		分值	得分
参与态度	积极主动交流		30	
	能提出个人见解		40	
	互相尊重		30	
组员1 组内评价得分				
组员2 姓名		学号		
评价指标	评价要点		分值	得分
参与态度	积极主动交流		30	
	能提出个人见解		40	
	互相尊重		30	
组员2 组内评价得分				
组员3 姓名		学号		
评价指标	评价要点		分值	得分
参与态度	积极主动交流		30	
	能提出个人见解		40	
	互相尊重		30	
组员3 组内评价得分				
组员4 姓名		学号		
评价指标	评价要点		分值	得分
参与态度	积极主动交流		30	
	能提出个人见解		40	
	互相尊重		30	
组员4 组内评价得分				

2. 小组间评价（见表 2－1－2）

表 2－1－2　小组间评价

小组编号			
评价指标	评价要点	分值	得分
展示效果	声音洪亮	10	
	表达清晰	30	
任务完成质量	信息搜索完整	30	
	操作准确	30	
	小组得分		

3. 教师评价（见表 2－1－3）

表 2－1－3　教师评价

评价维度	评价指标	评价权重	评价要点	分值	得分
知识 40%	单项知识掌握度	课程预习	学习资料的预习情况	10	
		基本知识	掌握课程知识内容	10	
		作业提交	作业提交情况	20	
能力 40%	学习成果	信息搜集（20分）	完整性：能够完成任务清单的所有内容	5	
			准确性：能够准确搜集营销信息	10	
			规范性：能够按照任务要求规范分析	5	
		营销信息（10分）	完整性：能够完成任务清单的所有内容	3	
			准确性：能够准确搜集营销信息	3	
			功能性：能够充分利用平台提示完成任务	4	
		查询任务（10分）	完整性：能够完成营销活动的查询任务	3	
			准确性：能够准确填写信息	3	
			高效性：能够按照时间进度完成上架	4	
素质 20%	工匠素养		有操守：政治意识与诚信守法	3	
			有情怀：家国情怀与文化传承	3	
			关注跨境电商领域，勇于创新	3	
			细心：严谨认真，积极参与课堂活动	2	
			恒心：自主学习，勇于克服困难	2	
			精心：精益求精	2	
			责任心：服从组织调配和管理，敢于担当	2	
	劳动素养		吃苦耐劳，与时俱进	3	
			任务一合计得分		

七、任务拓展

1. 个人反思（见表 2-1-4）

表 2-1-4 个人反思

姓名		学号		组号	
评价指标	评价内容			分值	分数评定
信息检索	能有效利用网络平台查找与营销活动相关的规则等；能将查到的信息有效地传递到学习中			10	
感知课堂生活	熟悉营销活动报名的大概流程，认同工作价值；在学习中能获得满足感			10	
参与态度	积极主动与教师、同学交流，相互尊重、理解、平等；与教师、同学之间能够保持多向、丰富、适宜的信息交流			10	
	能处理好合作学习和独立思考的关系，做到有效学习；能提出有意义的问题或能发表个人见解			10	
知识获得	能找到平台的营销活动类型			10	
	能说出单品折扣的相关内容			10	
	能说出满减活动的内容			10	
	能区分平台和店铺各种活动的特点			10	
思维态度	能发现问题、提出问题、分析问题、解决问题、创新问题			10	
自评反馈	按时按质完成任务；较好地掌握了知识点；具有较强的信息分析能力和理解能力；具有较为全面严谨的思维能力并能条理清楚地表达成文			10	
自评分数					
有益的经验和做法					
总结反馈建议					

2. 小组优化

以小组为单位，对营销规则进行再次梳理，优化现有任务清单。

3. 拓展训练

以小组为单位，根据对应板块的评价标准，对任务清单自查，并完成优化。

思政园地	行业观察	协作创新
SuperDeals 频道招商规则	速卖通智库 2020 年第 5 期	速卖通驱动品牌出海

任务二　申请平台营销规则学习

一、工作场景描述

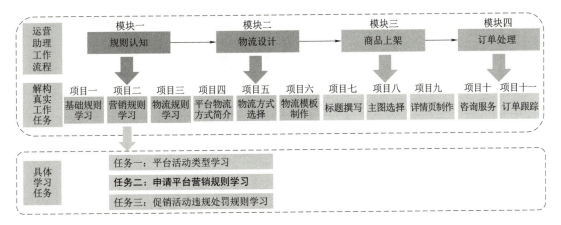

根据跨境电商运营助理岗位的工作流程,将课程分为四个模块,并解构工作内容,设计十一个项目和对应的学习任务。本任务为模块一"规则认知"项目二"营销规则学习"中的第二个任务——"申请平台营销规则学习",将用2学时完成。

二、任务描述

某电商公司的速卖通店铺想要参加平台营销活动,运营助理需要掌握平台活动的报名规则及报名入口,其界面见图2-2-1。

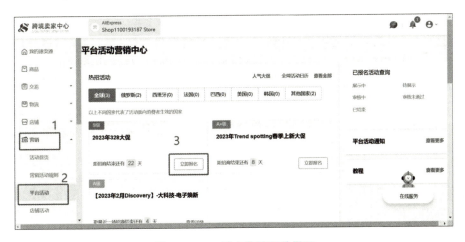

图2-2-1　平台营销活动界面

本次任务需要找到平台营销活动的报名规则及入口。

三、 任务目标及重难点

通过本次任务,你应达到以下目标。

知识目标	1. 掌握平台营销活动的报名规则; 2. 掌握平台营销活动的报名入口
能力目标	1. 能够判断店铺是否能参加平台活动; 2. 能够准确找到平台营销活动的报名入口
素质目标	培养学生的创造精神和工匠精神、互联网意识,增强规则意识
学习重点	掌握平台营销活动的报名规则
学习难点	能够判断店铺能否参加平台活动

 四、 相关知识点

1. 全球速卖通平台营销活动最低价规则

全球速卖通平台营销活动最低价规则适用于报名参加全球速卖通平台(http://www.aliexpress.com)组织的各种营销活动的卖家。前述营销活动包括但不限于全平台或特定类目大型营销活动、日常营销活动、Flash Deals 活动、俄团活动等。

(1) 规则目的

规则旨在明确卖家报名参加营销活动时,为同一标准产品单位(即 SPU)的商品确定报名折扣率及最低价所应适用的标准,以便保证平台公平公开的经营环境,提高卖家的竞争力。

(2) 定义

1)报名折扣率是指卖家为报名活动,为商品设置的用于报名审核的折扣率。该报名折扣率是一种折扣幅度(%OFF),百分比越大表示折扣幅度越大。

2)子类目额外折扣率是指就每个经营大类,平台在每次营销活动前通过具体营销规则中确定的一个固定折扣率,该折扣率会影响各报名商品的最低折扣率要求。

3)商品原售价是指进入报名时,由卖家设置且实际在平台生效的商品日常销售价格(基础零售价或国家区域零售价),不包括商品原折扣价、商品大促价。

4)商品原折扣价是指卖家在商品原售价基础上打折、且实际在商品详情页上展示过的折扣价或优惠价。

5)商品大促价为通过审核、报名成功的商品报名价。

6)校验节点是指卖家为商品报名参加活动之日。但是,如果卖家在报名后就报名折扣率进行修改,则校验节点是指对商品最新一次修改报名折扣率之日。

7)校验期间是指校验节点前的一段固定期间,具体固定期间由具体营销规则确定。

8)具体营销规则是指速卖通就具体营销活动发布的要求,包括但不限于就具体营销活动发布的规则、公告、通知。

9)控价期间为本规则第 6 条限定之含义。

10）最低价是指在校验期内商品原售价、商品原折扣价中的最低价格。

（3）商品报名规则

卖家就商品进行报名应遵从以下规则：

1）就每个经营大类，平台将在每次营销活动前在具体营销规则中确定"类目折扣率"（"类目折扣率"在系统中可见）。

2）就每个报名商品的各SKU（库存量单位），基于商品原售价、最低价和子类目额外折扣率，平台系统将按以下方式计算得出最低折扣率要求（"最低折扣率要求"在系统中可见）：

第一步：按"最低价×（1－子类目额外折扣率）"的公式计算得出数值n。

第二步：n按本条规则保留小数点后两位，得到数值X。

规则：如n为整数，或只有一位或两位小数，则n为X；或如n有小数点后三位或更多位小数，则n保留小数点后两位，并加0.01。

第三步：按"（商品原售价－X）/商品原售价"公式计算得出数值m。

第四步：m按本条规则保留小数点后两位，得到数值Y。

规则：如m为整数，或只有一位或两位小数，则m为Y；如m有小数点后三位或更多位小数，则m保留小数点后两位，并加0.01。

第五步：$Y×100\%$即为该商品SKU的最低折扣率要求。

如果商品包含多个SKU，则报名商品的最低折扣率要求（适用所有SKU）应为所有SKU中最低折扣率要求最高者。

举例1（商品一）：

商品一的原售价为1.38，最低价为0.938 4，子类目额外折扣率为5%，通过第4条第2）款的公式可计算得出最低折扣率要求等于35%，具体而言：

第一步：按"0.938 4×（1－5%）"得出n为0.891 48；

第二步：n按规则保留小数点后两位，得到数值X为0.90；

第三步：按"（1.38－0.90）/1.38"得出m为0.347 8；

第四步：m按规则保留小数点后两位，得到数值Y为0.35；

第五步：$Y×100\%$得到SKU的最低折扣率要求为35%。

举例2（商品二）：

商品二的原售价为10，最低价为8，子类目额外折扣率为10%，通过第4条第2）款的公式可计算得出最低折扣率要求等于28%，具体而言：

第一步：按"8×（1－10%）"得出n为7.2；

第二步：n按规则保留小数点后两位，得到数值X为7.2；

第三步：按（10－7.2）/10得出m为0.28；

第四步：m按规则保留小数点后两位，得到数值Y为0.28；

第五步：$Y×100\%$得到SKU的最低折扣率要求为28%。

只有当商品的报名折扣率大于或等于报名商品的最低折扣率要求和类目折扣率中较大的折扣时，商品报名才可提交成功（最低折扣率要求和类目折扣率均为折扣幅度，百分比的值越大则对应的折扣幅度越大）。例如：图2－2－2中，最低折扣率要求为39%，额外折扣率要求为6%，则商品的报名折扣率应大于或等于39%才有可能通过。

注：若营销活动根据第5条第1）款使用分国家区域维度校验最低价，平台系统将按上述方式分国家区域维度分别计算得出最低折扣率要求，商品的报名折扣率分国家区域维度进行提交，见图2-2-3；若营销活动不使用分国家区域维度校验最低价，平台系统将按上述方式基于基础零售价计算得出最低折扣率要求，商品的报名折扣率仅支持全站提交。

图2-2-2 设置报名折扣率

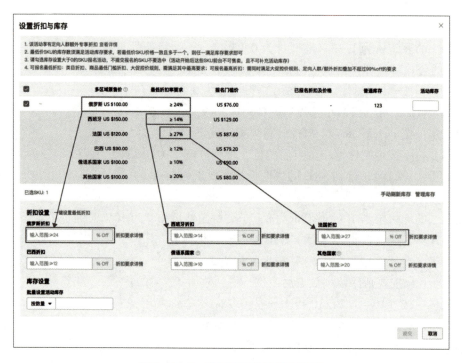

图2-2-3 分国家区域设置折扣率

（4）最低价确定规则

校验最低价存在以下两种情形，具体使用何种情形以营销活动的具体营销规则为准：

1）商品最低价按照分国家区域维度分别校验计入，计算最低价的商品价格范围包括国家区域零售价（若无，取基础零售价）、基于国家区域零售价（若无，取基础零售价）的商品原折扣价（折后价、国家活动折扣价等）；分国家区域最低价统计的国家区域分为8大类：①西班牙；②法国；③巴西；④俄罗斯；⑤美国；⑥韩国；⑦俄语系国家（白俄罗斯、阿塞拜疆、亚美尼亚、格鲁吉亚、哈萨克斯坦、吉尔吉斯斯坦、摩尔多瓦、土库曼斯坦、塔吉克斯坦和乌兹别克斯坦）；⑧其他国家（除前7类的其他国家）；其中前述第⑦类与第⑧类国家区域，将直接取基础零售价代替当前国家区域零售价。

2）若营销活动未使用前述分国家区域维度校验最低价，则商品最低价为校验期间基于基础零售价得出的最低价（即基于基础零售价的商品原售价、基于基础零售价的商品原折扣价中的最低价格）。

以下金额不计入商品价格：①商品价格外的其他费用，包括但不限于税费、运费、服务费、保费；②买家享受的附加优惠，包括但不限于平台或卖家提供的优惠券、满减、会员粉丝额外专享折扣、拼团价、金币兑换价、试用申请价等。

如果一个商品包含多个SKU，则各SKU的最低价为各SKU在校验期间的最低价格，即最低价按SKU分别校验。

除非具体营销规则中另有规定，对于大型营销活动、日常营销活动、Flash Deals活动、俄团活动，计算最低价的商品价格范围和校验期间见表2－2－1。

表2－2－1　计算最低价的商品价格范围和校验期间

项目	大型营销活动	日常营销活动	Flash Deal活动	俄团活动
计算最低价的商品价格范围	商品原售价、商品原折扣价、一口价	商品原售价、商品原折扣价	商品原售价、商品原折扣价、Flash Deals活动价格、一口价	商品原售价、商品原折扣价、俄团活动价格、一口价
校验期间	依具体营销规则确定	依具体营销规则确定	日常校验节点前30天，大型营销活动依具体规则确定	日常校验节点前30天，大型营销活动依具体规则确定

如果参与大型营销活动的商品在活动未开始前，同时报名日常营销活动、Flash Deals活动、俄团活动等，卖家应确保大促价低于商品在其他营销活动下的报名价。

商品成功通过大型营销活动的报名审核后，卖家应保证其商品大促价为该商品的最低价，直至大型营销活动正式结束。上述报名审核通过之日至大型营销活动正式结束的期间，称为"控价期间"。

速卖通有权通过提前七个自然日公告或站内信通知的方式变更本规则。

2. 俄罗斯团购日常招商规则

第一章　概　　述

第一条　为保障俄罗斯团购频道用户的权益，维护频道的交易秩序，根据《全球速卖通平台规则》《全球速卖通平台规则营销规则》《全球速卖通平台营销活动最低价规则》等相关规则和协议，制订本俄罗斯团购日常招商规则（"本规则"）。

第二条　本规则适用于所有报名参加俄罗斯团购频道活动的注册地为中国大陆的平台商家。对于注册地为中国大陆以外的平台商家，关于俄罗斯团购的招商规则以活动招商报名入口说明为准。

第三条

1）"俄罗斯团购频道"是指速卖通平台向商家提供的、面向俄语系消费者的、旨在帮助俄语系消费者体验优质商品和店铺的速卖通平台爆品营销中心。

2）"俄语系"或"俄语区"是指阿塞拜疆、亚美尼亚、白俄罗斯、格鲁吉亚、吉尔吉斯斯坦、摩尔多瓦、哈萨克斯坦、俄罗斯、乌兹别克斯坦、塔吉克斯坦、土库曼斯坦。

3）"爆品团"是指商家以单个商品报名参加俄罗斯团购频道活动，平台审核通过后在俄罗斯团购频道展示该商品的活动。

4）"主题团"是指商家围绕报名主题，以商家店铺内单个或多个商品报名参加俄罗斯团购频道活动，平台审核通过后，在俄罗斯团购频道展示这些商品的活动。

第二章　报名条件

第四条　商家必须同时符合以下条件，方可报名参与俄罗斯团购频道活动：

1）店铺不存在诚信经营方面的问题，或损害消费者权益的任何行为；

2）店铺不得出现违反《全球速卖通平台规则》的以下情形：

①知识产权严重侵权 2 次及以上；

②知识产权单独违规 18 分及以上；

③禁限售单独违规 18 分及以上；

④交易违规合计扣分 24 分及以上；

⑤因违反《全球速卖通平台规则》《全球速卖通平台规则营销规则》被限制参与营销活动；

3）店铺近 90 天内好评率须≥95%；

4）店铺货不对版纠纷率≤8%。

第五条　商家在平台上的商品必须同时符合以下条件，方可报名参与俄罗斯团购频道活动：

1）报名商品需要符合《全球速卖通平台营销活动最低价规则》的要求，包括但不限于其报名折扣率的要求：

每次活动类目折扣要求不同，商品报名时还需满足对应类目的折扣要求，具体详见店铺后台→营销活动→平台活动→俄罗斯团购；

2）报名商品在报名前 30 天在俄罗斯境内销量≥4 件；

3）报名商品 DSR 描述分≥4.5；

4）若报名商品销往俄罗斯，应包邮；

5）报名商品的 5 天上网率>80%；

6）报名主题团的商品还应满足平台设定的与主题有关的其他条件。

第三章　报名审核

第六条　本着对消费者负责的原则，速卖通平台将根据其确定的标准，在符合报名条件的商品中择优选择高品质商品参加俄罗斯团购频道活动，该审核标准包括但不限于：

1）报名商品为店铺主营类目的日销畅销（TOP）商品；

2）店铺日常销售和店铺历史活动表现等综合表现优异，包括但不限于：近 30 天商品

在俄语区的成交额、日常商品成交额、店铺成交额;

3) 商家服务质量和商品质量优异,包括但不限于商品销往俄语区比率、商品物流 DSR 评分体现的相关情况。

平台有权根据具体的经营和业务需要,新增或调整相应审核标准,具体以届时活动报名信息为准。

第四章 展示及其他

第七条 通过平台审核的报名商品会在俄罗斯团购频道展示。报名商品在俄罗斯团购频道的展示分为爆品团和团购行业清仓活动,爆品团的展示时间一般为 5 天,团购行业清仓活动的展示时间一般为 7 天,但因特殊主题活动、全站大促、本地活动或平台为消费者体验推出的其他项目上线,平台有权缩短或延长报名商品的展示时间,具体以届时的活动报名信息为准。

第八条 通过审核的报名商品在活动预热之后不得退出。如在活动预热后退出,平台将视具体情况限制商家参加平台营销活动(包括平台促销活动、俄罗斯团购、金币、试用、购物券、平台店铺大促、品牌闪购)1 至 2 个月。如商家的店铺或报名商品被发现违反平台规则,平台有权取消商家相关商品或店铺参加俄罗斯团购频道的资格,包括但不限于下线相关商品的展示等。

五、任务实施

1. 课前预习

平台营销活动(报名入口见图 2-2-4)。

图 2-2-4 平台营销活动报名入口

2. 课中练习

任务清单一 知识考察

问题 1:最低价规则的定义和意义分别是什么?

问题2：报名参加俄罗斯团购频道活动的条件是什么？

_____

_____

任务清单二　商品折扣计算方法

商品原售价为1.38，最低价为0.938 4，子类目额外折扣率为5%，尝试计算最低折扣率。步骤如下：

第一步：按"最低价×(1-5%)"得出 n 为_____；

第二步：n 按规则保留小数点后两位，得到数值 X 为_____；

第三步：按"（原售价-0.90)/原售价"得出 m 为_____；

第四步：m 按规则保留小数点后两位，得到数值 Y 为_____；

第五步：$Y×100\%$ 得到 SKU 的最低折扣率要求为_____。

任务清单三　找到报名参加活动的路径并截图

[截图一]

[截图二]

3. 课后巩固

以小组为单位，查找各类活动报名入口，并进行小组展示。

六、任务评价

1. 小组内评价（见表2-2-2）

表2-2-2　小组内评价

组员1姓名		学号		
评价指标	评价要点		分值	得分
参与态度	积极主动交流		30	
	能提出个人见解		40	
	互相尊重		30	
组员1组内评价得分				

续表

组员2姓名		学号			
评价指标	评价要点			分值	得分
参与态度	积极主动交流			30	
	能提出个人见解			40	
	互相尊重			30	
组员2组内评价得分					
组员3姓名		学号			
评价指标	评价要点			分值	得分
参与态度	积极主动交流			30	
	能提出个人见解			40	
	互相尊重			30	
组员3组内评价得分					
组员4姓名		学号			
评价指标	评价要点			分值	得分
参与态度	积极主动交流			30	
	能提出个人见解			40	
	互相尊重			30	
组员4组内评价得分					

2. 小组间评价（见表2-2-3）

表2-2-3 小组间评价

小组编号			
评价指标	评价要点	分值	得分
展示效果	声音洪亮	10	
	表达清晰	30	
任务完成质量	信息搜索完整	30	
	操作准确	30	
小组得分			

3. 教师评价（见表2-2-4）

表2-2-4 教师评价

评价维度	评价指标	评价权重	评价要点	分值	得分
知识40%	单项知识掌握度	课程预习	学习资料的预习情况	10	
		基本知识	掌握课程知识内容	10	
		作业提交	作业提交情况	20	

续表

评价维度	评价指标	评价权重	评价要点	分值	得分
能力40%	学习成果	信息搜集（20分）	完整性：能够完成任务清单的所有内容	5	
			准确性：能够准确搜集营销规则	10	
			规范性：能够按照任务要求规范分析	5	
		平台活动信息（10分）	完整性：能够完成任务清单的所有内容	3	
			准确性：能够准确搜集营销活动信息	3	
			功能性：能够充分利用平台提示完成任务	4	
		报名入口（10分）	完整性：能够完成报名活动所有步骤	3	
			准确性：能够准确填写信息	3	
			高效性：能够按照时间进度完成任务	4	
素质20%	工匠素养		有操守：政治意识与诚信守法	3	
			有情怀：家国情怀与文化传承	3	
			关注跨境电商领域，勇于创新	3	
			细心：严谨认真，积极参与课堂活动	2	
			恒心：自主学习，勇于克服困难	2	
			精心：精益求精	2	
			责任心：服从组织调配和管理，敢于担当	2	
	劳动素养		吃苦耐劳，与时俱进	3	
任务二合计得分					

七、任务拓展

1. 个人反思（见表 2-2-5）

表 2-2-5 个人反思

姓名		学号		组号	
评价指标	评价内容			分值	分数评定
信息检索	能有效利用网络平台查找与平台活动相关的规则等；能将查到的信息有效地传递到学习中			10	
感知课堂生活	熟悉活动报名的大概流程，认同工作价值；在学习中能获得满足感			10	

续表

评价指标	评价内容	分值	分数评定
参与态度	积极主动与教师、同学交流，相互尊重、理解、平等；与教师、同学之间能够保持多向、丰富、适宜的信息交流	10	
	能处理好合作学习和独立思考的关系，做到有效学习；能提出有意义的问题或能发表个人见解	10	
知识获得	能说出平台营销活动的报名规则	10	
	能找到平台营销活动的报名入口	10	
	能判断店铺能否参加平台活动	10	
	能说出店铺参加平台活动的条件	10	
思维态度	能发现问题、提出问题、分析问题、解决问题、创新问题	10	
自评反馈	按时按质完成任务；较好地掌握了知识点；具有较强的信息分析能力和理解能力；具有较为全面严谨的思维能力并能条理清楚地表达成文	10	
自评分数			
有益的经验和做法			
总结反馈建议			

2. 小组优化

以小组为单位，讨论店铺参加平台活动的条件，完成店铺运营的优化。

3. 拓展训练

以小组为单位，根据讨论结果完成店铺运营优化。

思政园地

封号潮下跨境电商合规之路

行业观察

速卖通–神器阁

协作创新

速卖通平台入驻流程

任务三　促销活动违规处罚规则学习

 一、工作场景描述

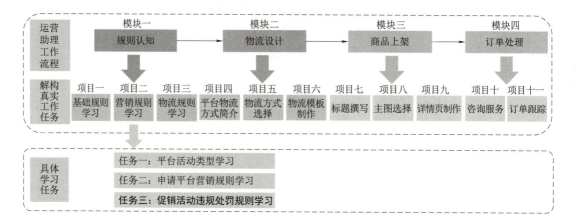

根据跨境电商运营助理岗位的工作流程，将课程分为四个模块，并解构工作内容，设计十一个项目和对应的学习任务。本任务为模块一"规则认知"项目二"营销规则学习"中的第三个任务——"促销活动违规处罚规则学习"，将用 2 学时完成。

 二、任务描述

店铺想在速卖通平台上参加平台，运营助理需要在报名前明确促销活动容易触发的违规行为有哪些，并报给店长及其他部门。

本次任务需要完成促销活动违规处罚规则的学习，并找到相应入口。

三、任务目标及重难点

通过本次任务，你应达到以下目标。

知识目标	1. 了解基础营销规则的内容； 2. 掌握违反营销规则的处罚措施
能力目标	1. 能够根据实际情况判断是否违规； 2. 能够找到营销相关规则的频道
素质目标	培养学生的创造精神和工匠精神，增强规则意识
学习重点	掌握违反营销规则的处罚措施
学习难点	能够找到营销相关规则的频道

四、相关知识点

1. 基础营销规则

为了促进卖家成长,增加更多的交易机会,在平台定期或不定期组织卖家的促销活动以及卖家自主进行的促销活动中,卖家应当遵守如下规则:

第一条 卖家在速卖通平台的交易情况需满足以下条件,才有权申请加入平台组织的促销活动:

1)有交易记录的卖家及商品,需满足如下条件:

①店铺好评率≥92%;

②店铺里商品的 DSR 描述分≥4.5;

③店铺货不对板纠纷率≤8%;

④店铺里商品的 7 天上网率>80%;

⑤卖家不存在诚信经营方面的问题,不存在欺诈消费者或其他任何损害消费者权益的行为,不存在作弊、欺诈等方式以获取平台保护政策或其他权益的行为,或任何扰乱速卖通平台经营秩序的行为;

⑥速卖通平台对特定促销活动设定的其他条件。

备注:上述的店铺"好评率"、"货不对板纠纷率"、商品的"DSR 描述分"、"7 天上网率"的要求非固定值,平台有权依据不同类目、特定活动或遇到不可抗力事件影响,适当进行调整。

2)无交易记录的卖家:由速卖通平台根据实际活动需求和商品特征制定具体卖家准入标准。

第二条 卖家在促销活动中,应该遵守国家法律、法规、政策及速卖通规则,不得发生涉嫌损害消费者、速卖通及任何第三方正当权益的行为,或从事任何涉嫌违反相关法律法规的行为,无法参与平台营销活动,类型包含但不仅限于:

1)知识产权严重侵权 2 次及以上;

2)知识产权禁限售违规 18 分及以上;

3)交易违规合计扣 24 分及以上;

4)因存在其他违法或违规行为,经平台合理决定店铺不得参与平台营销活动的,包括但不限于本店铺或其关联店铺因违法或严重违规行为被平台处以关店或冻结处罚。

第三条 卖家在促销活动中发生违规行为的,速卖通平台有权根据违规情节,禁止或限制卖家参加平台各类活动,情节严重的,速卖通平台有权对卖家账号进行冻结、关闭或采取其他限制措施。具体规定如下:

对于平台活动和卖家自主促销活动中的卖家的违规行为,速卖通平台有权根据活动细则或具体情况进行违规处理。

第四条 卖家在促销活动中的行为如果违反本规则其他规定或其他网站规则,速卖通平台会根据相应规则进行处罚。

第五条 全球速卖通保留变更促销活动规则,并根据具体促销活动发布单行规则的权利。

第六条 卖家因为一些不可抗力的因素(如地震、洪水)导致无法参加促销活动,若情况属实,平台会根据情况特殊处理。

第七条 特定营销活动,包括但不限于定期或不定期举办的营销活动,特定会场、频道举办的营销活动,或主要针对某国家、市场消费者的营销活动,卖家及商品还应符合其他要求,包括但不限于经营情况、经营规模、纠纷率、投诉率、好评率、商品销量、库存数量、折扣要求、包邮等。

2. 违反营销规则的处罚措施(见表2-3-1)

表2-3-1 违反营销规则的处罚措施

违规行为	违规行为定义	违规处罚
出售侵权商品	在促销活动中,卖家出售假冒商品、盗版商品等违反规定的产品或其他侵权产品	取消当前活动参与权;根据速卖通相应规则进行处罚
违反促销承诺	卖家商品从参加报名活动开始到活动结束之前,要求退出促销活动,或者要求降低促销库存量、提高折扣、提高商品和物流价格、修改商品描述等	取消当前活动参与权;根据情节严重程度确定禁止参加促销活动3~9个月;根据速卖通相应规则进行处罚
提价销售	在买家下单后,卖家未经买家许可,单方面提高商品和物流价格	取消当前活动参与权;根据情节严重程度确定禁止参加促销活动3~9个月;根据速卖通相应规则进行处罚
成交不卖	买家下单后,卖家拒绝发货	根据情节严重程度的情况,禁止参加促销活动6个月
强制搭售	卖家在促销活动中,单方面强制要求买家必须买下其他商品或服务,方可购买本促销商品	禁止参加促销活动12个月;根据速卖通相应规则进行处罚
信用及销售炒作	卖家在促销活动中,通过虚构或隐瞒交易事实、规避或恶意利用平台规则等不正当方式,获取虚假的商品销量、店铺成交金额等不当利益	取消当前活动参与权;根据情节严重程度的情况,禁止参加平台及店铺营销活动3个月
不正当牟利	卖家采用不正当手段牟取利益,包括: 1. 向速卖通工作人员或其关联认识的人员提供财物、消费、款待或商业机会等; 2. 通过其他手段向速卖通工作人员牟取不正当利益	根据不正当牟利的处罚规则执行处罚,关闭卖家店铺

五、任务实施

1. 课前预习

速卖通买家界面的店铺营销信息(见图2-3-1)。

图 2-3-1　速卖通买家界面的店铺营销信息

2. 课中练习

任务清单一　知识考察

问题 1：有交易记录的卖家及商品参加平台促销活动的条件有哪些？

_____

_____

问题 2：无法参加平台营销活动的违规类型包括哪些？

_____

_____

任务清单二　完成以下表格

违规行为	违规处罚
出售侵权商品	
违反促销承诺	
提价销售	
成交不卖	
强制搭售	
信用及销售炒作	
不正当牟利	

任务清单三　找到营销相关的规则频道并截图

［截图一］

[截图二]

3. 课后巩固

请以小组为单位,查阅当前可报名的营销活动,讨论是否满足准入资格并展示。

六、任务评价

1. 小组内评价(见表2-3-2)

表2-3-2 小组内评价

组员1姓名		学号		
评价指标	评价要点		分值	得分
参与态度	积极主动交流		30	
	能提出个人见解		40	
	互相尊重		30	
组员1组内评价得分				
组员2姓名		学号		
评价指标	评价要点		分值	得分
参与态度	积极主动交流		30	
	能提出个人见解		40	
	互相尊重		30	
组员2组内评价得分				
组员3姓名		学号		
评价指标	评价要点		分值	得分
参与态度	积极主动交流		30	
	能提出个人见解		40	
	互相尊重		30	
组员3组内评价得分				
组员4姓名		学号		
评价指标	评价要点		分值	得分
参与态度	积极主动交流		30	
	能提出个人见解		40	
	互相尊重		30	
组员4组内评价得分				

2. 小组间评价（见表2-3-3）

表2-3-3　小组间评价

小组编号			
评价指标	评价要点	分值	得分
展示效果	声音洪亮	10	
	表达清晰	30	
任务完成质量	信息搜索完整	30	
	操作准确	30	
	小组得分		

3. 教师评价（见表2-3-4）

表2-3-4　教师评价

评价维度	评价指标	评价权重	评价要点	分值	得分
知识40%	单项知识掌握度	课程预习	学习资料的预习情况	10	
		基本知识	掌握课程知识内容	10	
		作业提交	作业提交情况	20	
能力40%	学习成果	信息搜集（20分）	完整性：能够完成任务清单的所有内容	5	
			准确性：能够准确搜集规则信息	10	
			规范性：能够按照任务要求规范分析	5	
		营销处罚（10分）	完整性：能够完成任务清单的所有内容	3	
			准确性：能够准确搜索营销处罚信息	3	
			功能性：能够充分利用平台提示完成任务	4	
		平台操作（10分）	完整性：能够完成查询规则全部操作	3	
			准确性：能够准确填写信息	3	
			高效性：能够按照时间进度完成任务	4	
素质20%	工匠素养	有操守：政治意识与诚信守法		3	
		有情怀：家国情怀与文化传承		3	
		关注跨境电商领域，勇于创新		3	
		细心：严谨认真，积极参与课堂活动		2	
		恒心：自主学习，勇于克服困难		2	
		精心：精益求精		2	
		责任心：服从组织调配和管理，敢于担当		2	
	劳动素养	吃苦耐劳，与时俱进		3	
		任务三合计得分			

七、任务拓展

1. 个人反思（见表2-3-5）

表2-3-5 个人反思

姓名		学号		组号	
评价指标	评价内容			分值	分数评定
信息检索	能有效利用网络平台查找与营销活动处罚相关的规则等；能将查到的信息有效地传递到学习中			10	
感知课堂生活	熟悉营销处罚的全部情况，认同工作价值；在学习中能获得满足感			10	
参与态度	积极主动与教师、同学交流，相互尊重、理解、平等；与教师、同学之间能够保持多向、丰富、适宜的信息交流			10	
	能处理好合作学习和独立思考的关系，做到有效学习；能提出有意义的问题或能发表个人见解			10	
知识获得	能说出基础营销规则的内容			10	
	能区分营销规则的处罚措施			10	
	能准确搜索营销相关规则			10	
	能判断营销违规情况			10	
思维态度	能发现问题、提出问题、分析问题、解决问题、创新问题			10	
自评反馈	按时按质完成任务；较好地掌握了知识点；具有较强的信息分析能力和理解能力；具有较为全面严谨的思维能力并能条理清楚地表达成文			10	
自评分数					
有益的经验和做法					
总结反馈建议					

2. 小组优化

以小组为单位，按照营销活动报名条件，分析店铺及产品的优化方案。

3. 拓展训练

以小组为单位，根据营销活动的报名条件标准，对店铺的运营思路进行调整，并完成优化。

思政园地　　　　　行业观察　　　　　协作创新

跨境电商告别"野蛮生长"　　中国好卖家助力计划，帮助中国好货通全球！　　跨境电商常见经营行为合规指引

项目三 物流规则学习

任务一 物流方式简介

一、工作场景描述

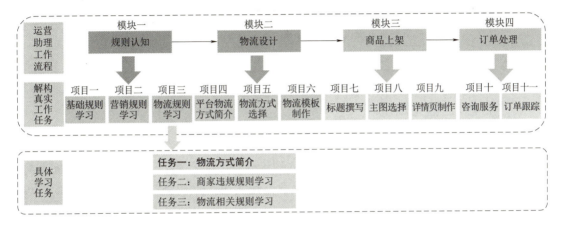

根据跨境电商运营助理岗位的工作流程,将课程分为四个模块,并解构工作内容,设计十一个项目和对应的学习任务。本任务为模块一"规则认知"项目三"物流规则学习"中的第一个任务——"物流方式简介",将用2学时完成。

二、任务描述

某电商公司想要在速卖通平台上开店,需要了解速卖通常用的物流方式,核算物流成本,完成产品的定价工作(见图3-1-1)。

图3-1-1 物流介绍界面

本次任务需要了解常见的物流方式。

三、任务目标及重难点

通过本次任务，你应达到以下目标。

知识目标	1. 了解速卖通平台物流分类； 2. 掌握平台提供的物流服务
能力目标	1. 能够正确查询平台物流相关信息； 2. 能够根据平台规则查找正确的物流信息
素质目标	培养学生的创造精神和工匠精神，增强规则意识、合规意识
学习重点	掌握平台提供的物流服务
学习难点	能够区分物流方式的特点

四、相关知识点

1. 速卖通物流分类及特点

按照"端到端"的概念，速卖通平台的物流分类可以分为经济类、简易类、标准类、快速类四类物流，按照"仓发物流"的概念，速卖通平台的物流包括海外仓和优选仓（见图3-1-2）。

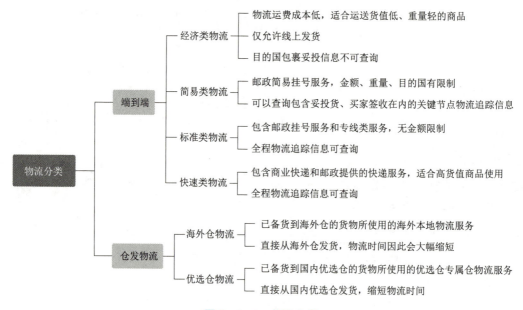

图3-1-2 物流分类

2. 物流方案金额限制（见表 3－1－1）

表 3－1－1　物流方案金额限制

消费者可选择物流方案		商家发货一般类目可使用物流方案						
物流等级	国家/交易金额可选择（交易金额以消费者单个商品下单金额为准，不包含税金、平台补贴、商家手动调整价格等场景）	经济类		简易类		标准类		快速类	
		线上发货	线下发货	线上发货	线下发货	线上发货	线下发货	线上发货	线下发货
经济类	1. 西班牙、俄罗斯、乌克兰、白俄罗斯≤2 美元； 2. 其余国家≤5 美元	可用	不可用	可用	无	可用	可用（以线路可达性为准）	不可用	不可用
简易类	1. 俄罗斯、乌克兰、白俄罗斯、韩国≤5 美元； 2. 英国、波兰、荷兰、比利时、德国、葡萄牙、捷克、智利、法国、斯洛伐克、匈牙利、罗马尼亚、保加利亚、希腊、芬兰、丹麦、奥地利、斯洛文尼亚、克罗地亚、塞浦路斯、瑞典、爱尔兰、马耳他、卢森堡、意大利、立陶宛、拉脱维亚、爱沙尼亚、加拿大、以色列、斯里兰卡、挪威、塞尔维亚≤8 美元； 3. 西班牙≤10 美元	降级发货不可用	降级发货不可用	可用	无	可用	可用（以线路可达性为准）	8 美元以上可用	8 美元以上可用
标准类	1. 菜鸟特货专线－标准，西班牙、法国、荷兰、波兰、德国、英国、意大利、美国≤15 美元； 2. e邮宝，俄罗斯≤10 美元	降级发货不可用	降级发货不可用	降级发货不可用	无	可用	可用（以线路可达性为准）	可用	可用
快递类	1. 巴西＞20 美元； 2. 其他国家＞8 美元	降级发货不可用	降级发货不可用	降级发货不可用	无	降级发货不可用	降级发货不可用	可用	可用

3. 平台能够提供的物流服务（见图 3-1-3）

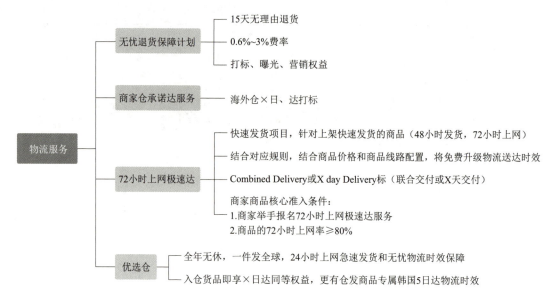

图 3-1-3　物流服务

 五、任务实施

1. 课前预习

物流线路列表（https：//csp.aliexpress.com/apps/logistics/linelist？spm＝5261.24818820.0.0.3b424edfUWkXtH，见图 3-1-4）。

图 3-1-4　物流线路列表

2. 课中练习

任务清单一　知识考察

问题 1：经济类物流适合什么样的商品？

问题2：简易类物流适合什么样的商品？
_____
_____

问题3：标准类物流适合什么样的商品？
_____
_____

问题4：快速类物流适合什么样的商品？
_____
_____

任务清单二 根据平台所查信息，完成下表

国家	订单实际支付金额	物流服务等级							
		经济类		简易类		标准类		快速类	
		线下发货	线上发货	线下发货	线上发货	线下发货	线上发货	线下发货	线上发货
美国	>5美元								
	≤5美元								
法国、荷兰、波兰	>5美元								
	≤5美元								
智利	>5美元								
	≤5美元								
乌克兰、白俄罗斯	>5美元								
	2~5美元								
	≤2美元								
沙特阿拉伯、阿联酋	所有订单金额								
巴西	所有订单金额								
其他国家	>5美元								
	≤5美元								

任务清单三 找到平台服务类型的具体入口

服务类型	截图或网址
无忧退货保障计划	

续表

服务类型	截图或网址
商家仓承诺达服务	
72小时上网极速达	
优选仓	

3. 课后巩固

以小组为单位，讨论平台服务类型的具体内容，请每个小组进行展示。

六、任务评价

1. 小组内评价（见表3-1-2）

表3-1-2　小组内评价

组员1姓名		学号			
评价指标	评价要点			分值	得分
参与态度	积极主动交流			30	
	能提出个人见解			40	
	互相尊重			30	
组员1组内评价得分					
组员2姓名		学号			
评价指标	评价要点			分值	得分
参与态度	积极主动交流			30	
	能提出个人见解			40	
	互相尊重			30	
组员2组内评价得分					
组员3姓名		学号			
评价指标	评价要点			分值	得分
参与态度	积极主动交流			30	
	能提出个人见解			40	
	互相尊重			30	
组员3组内评价得分					
组员4姓名		学号			
评价指标	评价要点			分值	得分
参与态度	积极主动交流			30	
	能提出个人见解			40	
	互相尊重			30	
组员4组内评价得分					

2. 小组间评价（见表 3–1–3）

表 3–1–3　小组间评价

小组编号			
评价指标	评价要点	分值	得分
展示效果	声音洪亮	10	
	表达清晰	30	
任务完成质量	信息搜索完整	30	
	操作准确	30	
	小组得分		

3. 教师评价（见表 3–1–4）

表 3–1–4　教师评价

评价维度	评价指标	评价权重	评价要点	分值	得分
知识 40%	单项知识掌握度	课程预习	学习资料的预习情况	10	
		基本知识	掌握课程知识内容	10	
		作业提交	作业提交情况	20	
能力 40%	学习成果	信息搜集（20 分）	完整性：能够完成任务清单的所有内容	5	
			准确性：能够准确搜集物流信息	10	
			规范性：能够按照任务要求规范分析	5	
		物流信息（10 分）	完整性：能够完成任务清单的所有内容	3	
			准确性：能够准确搜集物流类型信息	3	
			功能性：能够充分利用平台提示完成任务	4	
		实际操作（10 分）	完整性：能够完成查找物流服务的所有步骤	3	
			准确性：能够准确填写信息	3	
			高效性：能够按照时间进度完成任务	4	
素质 20%	工匠素养		有操守：政治意识与诚信守法	3	
			有情怀：家国情怀与文化传承	3	
			关注跨境电商领域，勇于创新	3	
			细心：严谨认真，积极参与课堂活动	2	
			恒心：自主学习，勇于克服困难	2	
			精心：精益求精	2	
			责任心：服从组织调配和管理，敢于担当	2	
	劳动素养		吃苦耐劳，与时俱进	3	
			任务一合计得分		

七、任务拓展

1. 个人反思（见表 3–1–5）

表 3–1–5 个人反思

姓名		学号		组号	
评价指标	评价内容			分值	分数评定
信息检索	能有效利用网络平台查找与物流相关的规则；能将查到的信息有效地传递到学习中			10	
感知课堂生活	熟悉平台物流的基本类型，认同工作价值；在学习中能获得满足感			10	
参与态度	积极主动与教师、同学交流，相互尊重、理解、平等；与教师、同学之间能够保持多向、丰富、适宜的信息交流			10	
	能处理好合作学习和独立思考的关系，做到有效学习；能提出有意义的问题或能发表个人见解			10	
知识获得	能说出速卖通平台物流分类			10	
	能区分平台提供的物流服务			10	
	能正确查询平台物流相关信息			10	
	能根据平台规则查找正确物流信息			10	
思维态度	能发现问题、提出问题、分析问题、解决问题、创新问题			10	
自评反馈	按时按质完成任务；较好地掌握了知识点；具有较强的信息分析能力和理解能力；具有较为全面严谨的思维能力并能条理清楚地表达成文			10	
自评分数					
有益的经验和做法					
总结反馈建议					

2. 小组优化

以小组为单位，查找线下物流线路可到达的国家列表，完成归纳总结及优化。

3. 拓展训练

以小组为单位，根据所学，整理国家列表。

思政园地	行业观察	协作创新
跨境电商助卖家筑牢"竞争壁垒"	2021 年中国跨境电商出口物流服务商行业研究报告	阿里云–亚洲计划

任务二　商家违规规则学习

一、工作场景描述

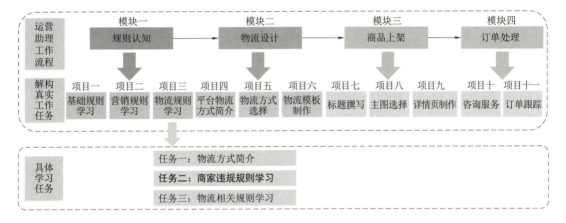

根据跨境电商运营助理岗位的工作流程，将课程分为四个模块，并解构工作内容，设计十一个项目和对应的学习任务。本任务为模块一"规则认知"项目三"物流规则学习"中的第二个任务——"商家违规规则学习"，将用2学时完成。

二、任务描述

运营助理在进行物流模板设置之前，需要了解速卖通物流相关规则，包括商家物流违规规则（见图3-2-1）。

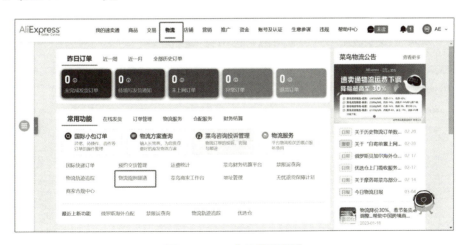

图3-2-1　物流规则频道

本次任务需要了解商家物流违规规则。

三、任务目标及重难点

通过本次任务,你应达到以下目标。

知识目标	1. 掌握物流规则的查询入口; 2. 掌握菜鸟商家违规行为的内容
能力目标	1. 能够找到物流规则的查询入口; 2. 能够找到对应违规行为的具体内容
素质目标	培养学生的创造精神和工匠精神,增强规则意识、合规意识
学习重点	掌握物流规则的查询入口
学习难点	能够区分一般物流违规行为

 四、相关知识点

1. 物流网规

1)物流线路清单与对应等级可查询物流线路列表。

2)特殊类目可用线路:

①特殊类目对应线路是否可用,可查询特货线路介绍对应寄送限制:

菜鸟特货专线－超级经济(Cainiao Super Economy for Special Goods);

菜鸟特货专线－标准(Cainiao Standard Shipping for Special Goods);

菜鸟特货专线－标快(Cainiao Standard－SG Air);

其他特货线路可用类目。

②"卖家自定义——中国":可用类目清单。

3)线路国家可达:

①线上发货可参考相关线路报价表:物流运费报价。

②线下发货可参考物流运费模板对应目的地(见图3－2－2)。

图3－2－2 自定义运费

③准确查询参考:物流方案查询。

4)特殊场景。72小时上网极速达、消费者自提等特殊场景发货物流方案需与消费者选择物流方案一致。

2. 菜鸟商家违规行为治理规则

（1）适用范围

适用于与杭州菜鸟供应链管理有限公司及其关联公司（下称"菜鸟"）签署《菜鸟服务标准协议》等服务协议（下称"《菜鸟服务协议》"），使用菜鸟提供各类供应链解决方案的所有速卖通平台商家（下称"商家"）。

（2）原则和目的

1）原则：为了创建更好的物流环境，维护广大商家的合法权益，保障菜鸟服务能力的持续提供及服务链路的畅通，遵循中国、包裹转运国、目的国、其他适用法律法规或国际公约及行业规则，菜鸟依据《菜鸟服务标准协议》等双方签署的服务协议制定本商家违规行为治理规则（"违规治理规则"或"本规则"）。

2）目的：就商家使用菜鸟服务中的违规行为进行治理，纠正商家违规行为，并根据本规则进行处理。

（3）规则的执行和程序

1）信息来源及判定：菜鸟将通过包括但不限于数据排查，商家/消费者投诉，第三方举报，行政管理部门的通报、通知，以及司法机关的法律文书等方式，综合获取商家违规行为的线索，并基于国家行政管理部门、司法机关的认定，基于合理事实，速卖通平台判定或者菜鸟判定等方式，确定商家行为是否存在违规情形。

2）通知：菜鸟会对商家的违规行为处理进行通知，通知形式包括但不限于邮件、站内公告、站内信、钉钉沟通、电话沟通、短信沟通等。

3）申诉与处理决定的解除：商家对菜鸟采取的处理措施有异议的，可以进行申诉。菜鸟将根据具体情况处理商家的申诉。

商家在规定的期限内发起申诉的，菜鸟根据申诉内容进行审核判断，商家应提供相关证明材料，包括但不限于有效、完整、真实的品牌授权书，商品不属于禁限运商品的证明。申诉成立的，撤销违规处理；逾期未申诉的或申诉不成立的，违规处理以菜鸟最终认定为准。

同时菜鸟将视商家行为、风险等的消除情况，进行解除或部分解除违规处理措施。

（4）违规行为类型及处置

商家违规行为分为严重违规行为、一般违规行为。

严重违规行为是指严重违背菜鸟规则、协议或涉嫌违反相关国家/地区法律规定的行为，菜鸟将视情节严重程度采取要求商家整改、支付违约金、包裹退回/做相应处置、限制/暂时冻结商家获取特定菜鸟服务的权限（如创建物流服务订单等功能）、乃至永久停止服务等措施（前述措施可单用或并用）。

一般违规行为是指严重违规行为外的违规行为，菜鸟将视情节严重程度采取整改、要求支付违约金、包裹退回/做相应处置等措施。

（5）管理措施

1）服务权限管控：

①暂时冻结创建物流服务订单权限：指临时冻结商家创建就交易订单创建物流订单的权限。

②关闭创建物流订单权限：指永久关闭商家就交易订单创建物流订单的权限，无论交易订单是否已生成。

③停止服务：指菜鸟终止相关《菜鸟服务标准协议》，永久停止向商家提供《菜鸟服务标准协议》项下约定的全部服务。菜鸟不就此承担任何对商家的赔偿责任。

2）违规商品处置：

①包裹退回：指将已揽收的包裹退回商家。

②违约金收取：菜鸟有权依据本规则，向商家收取运输禁限运商品或侵犯知识产权商品的违约金，并按照《菜鸟服务标准协议》内约定的支付条款向商家划扣。

③包裹相应处置：根据海关等监管机构的要求、适用法律法规及与商家协议，对包裹采取其他处置措施。

④关联影响：商家因承担就其违约行为所造成损失的赔偿责任，包括但不限于本规则下约定的处置费用、菜鸟及物流商因此产生的损失等。

（6）附则

1）本规则于2021年4月1日首次发布，于2022年1月11日修订。

2）就商家违规行为的治理，如本规则与《菜鸟服务标准协议》出现不一致的，以本规则为准。

3）菜鸟保留不时公告/通知更新、调整本规则及发布、增加单项规则的权利。

五、任务实施

1. 课前预习

物流规则（见图3-2-3）。

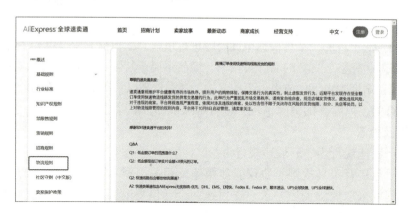

首公里包装规则

图3-2-3 物流规则

2. 课中练习

任务清单一　物流规则的查询入口

［截图］

任务清单二 菜鸟商家违规行为治理规则

场景分类	违规情形	违规行为类型	违规定义	违规管理措施
商家资质	企业资质造假			
寄送禁限运商品	寄送限运商品			
	寄送禁运商品			
寄送知识产权侵权商品	寄送知识产权侵权商品			

菜鸟商家违规行为治理规则　　　　货物保障升级服务介绍及费用说明

3. 课后巩固

认真查询物流规则板块信息，选择某一话题展开讨论，并请每个小组展示。

六、任务评价

1. 小组内评价（见表 3－2－1）

表 3－2－1　小组内评价

组员1姓名		学号		
评价指标	评价要点		分值	得分
参与态度	积极主动交流		30	
	能提出个人见解		40	
	互相尊重		30	
组员1组内评价得分				
组员2姓名		学号		
评价指标	评价要点		分值	得分
参与态度	积极主动交流		30	
	能提出个人见解		40	
	互相尊重		30	
组员2组内评价得分				
组员3姓名		学号		
评价指标	评价要点		分值	得分
参与态度	积极主动交流		30	
	能提出个人见解		40	
	互相尊重		30	
组员3组内评价得分				

续表

组员 4 姓名		学号			
评价指标	评价要点			分值	得分
参与态度	积极主动交流			30	
	能提出个人见解			40	
	互相尊重			30	
组员 4 组内评价得分					

2. 小组间评价（见表 3－2－2）

表 3－2－2　小组间评价

小组编号			
评价指标	评价要点	分值	得分
展示效果	声音洪亮	10	
	表达清晰	30	
任务完成质量	信息搜索完整	30	
	操作准确	30	
小组得分			

3. 教师评价（见表 3－2－3）

表 3－2－3　教师评价

评价维度	评价指标	评价权重	评价要点	分值	得分
知识40%	单项知识掌握度	课程预习	学习资料的预习情况	10	
		基本知识	掌握课程知识内容	10	
		作业提交	作业提交情况	20	
能力40%	学习成果	信息搜集（20分）	完整性：能够完成任务清单的所有内容	5	
			准确性：能够准确搜集产品信息	10	
			规范性：能够按照任务要求规范分析	5	
		物流规则信息（10分）	完整性：能够完成任务清单的所有内容	3	
			准确性：能够准确搜集物流规则信息	3	
			功能性：能够充分利用平台提示完成任务	4	
		查找规则操作（10分）	完整性：能够完成任务所有步骤	3	
			准确性：能够准确填写信息	3	
			高效性：能够按照时间进度完成任务	4	

续表

评价维度	评价指标	评价权重	评价要点	分值	得分
素质 20%	工匠素养		有操守：政治意识与诚信守法	3	
			有情怀：家国情怀与文化传承	3	
			关注跨境电商领域，勇于创新	3	
			细心：严谨认真，积极参与课堂活动	2	
			恒心：自主学习，勇于克服困难	2	
			精心：精益求精	2	
			责任心：服从组织调配和管理，敢于担当	2	
	劳动素养		吃苦耐劳，与时俱进	3	
			任务二合计得分		

七、任务拓展

1. 个人反思（见表 3-2-4）

表 3-2-4　个人反思

姓名		学号		组号	
评价指标	评价内容			分值	分数评定
信息检索	能有效利用网络平台查找与物流违规处罚相关的规则等；能将查到的信息有效地传递到学习中			10	
感知课堂生活	熟悉物流规则的查询路径，认同工作价值；在学习中能获得满足感			10	
参与态度	积极主动与教师、同学交流，相互尊重、理解、平等；与教师、同学之间能够保持多向、丰富、适宜的信息交流			10	
	能处理好合作学习和独立思考的关系，做到有效学习；能提出有意义的问题或能发表个人见解			10	
知识获得	能找到物流规则的查询入口			10	
	能说出菜鸟商家违规行为的内容			10	
	能准确搜索物流规则信息			10	
	能找到对应违规行为的具体内容			10	
思维态度	能发现问题、提出问题、分析问题、解决问题、创新问题			10	
自评反馈	按时按质完成任务；较好地掌握了知识点；具有较强的信息分析能力和理解能力；具有较为全面严谨的思维能力并能条理清楚地表达成文			10	
自评分数					

续表

有益的经验和做法	
总结反馈建议	

2. 小组优化

以小组为单位,对物流违规规则进行巩固复习,优化任务清单。

3. 拓展训练

以小组为单位,自学"72小时极速达运营规则",展开讨论,为物流模板设置做铺垫。

思政园地　　　　　行业观察　　　　　协作创新

逆向物流助力电商　全球购跨境电商　第九届 OCALE
出口容易退回不难　驶入发展快车道　全国跨境电商
　　　　　　　　　　　　　　　　　创新创业能力大赛

任务三 物流相关规则学习

一、工作场景描述

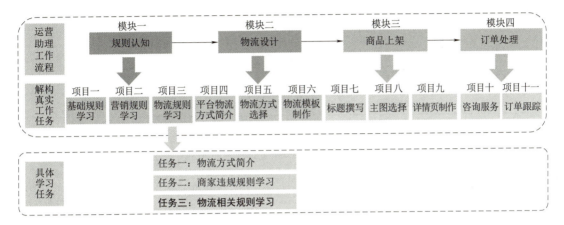

根据跨境电商运营助理岗位的工作流程,将课程分为四个模块,并解构工作内容,设计十一个项目和对应的学习任务。本任务为模块一"规则认知"项目三"物流规则学习"中的第三个任务——"物流相关规则学习",将用 2 学时完成。

二、任务描述

运营助理在进行物流模板设置之前,需要了解速卖通物流相关规则,包括其他物流规则(见图 3–3–1)。

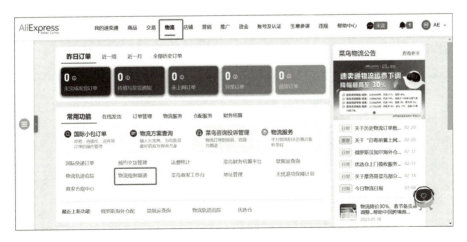

图 3–3–1 物流规则频道

本次任务需要了解商家其他物流规则。

三、任务目标及重难点

通过本次任务，你应达到以下目标。

知识目标	1. 掌握物流其他相关规则的查询入口； 2. 掌握物流方案列表的基本内容
能力目标	1. 能够区分物流信息更改的路径； 2. 能够说出上网率规则的基本内容
素质目标	培养学生的创造精神和工匠精神，增强规则意识
学习重点	掌握物流信息变更的路径
学习难点	能够说出上网率规则的基本内容

四、相关知识点

1. 物流方案列表

网址：https：//sg－cgmp.aliexpress.com/ae－global－seller－center/rulelist。

2. 物流订单修改和关闭规则

1）AE端申明发货后，卖家可在10个工作日（即平均15个自然日）内修改物流单号。

①流程示意图见图3－3－2。

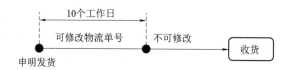

图3－3－2　流程示意图

②操作位置见图3－3－3。

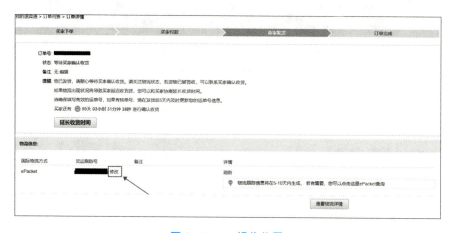

图3－3－3　操作位置

2）菜鸟端物流订单创建 7 个工作日（即平均 9~12 个自然日）后还未收到卖家发货包裹，则物流订单关闭。

注：7 个工作日会拆分为 5 个工作日未收到，物流订单进入"订单关闭处理中"状态，包裹若此时到仓并出现线上揽签信息，仍会正常处理；进入"订单关闭处理中"状态 2 个工作日内仍未收到，进入"订单已关闭"状态。

①流程示意图见图 3-3-4。

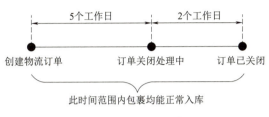

图 3-3-4　流程示意图

②页面样式见图 3-3-5。

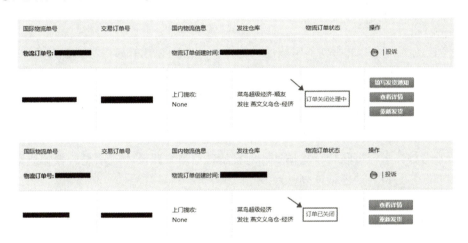

图 3-3-5　页面样式

3. 订单上网率规则

2020 年 8 月 27 日平台发布 5 天上网率考核规则，截至目前，平台收到了许多宝贵的意见和建议，对卖家的反馈和关心的问题，说明如下：

（1）定制类目无法做到 5 天上网问题

1）定制属性类目，平台已开放发货期，可设置 >7 天，对发货期设置 >7 天的订单，平台暂不考核 7 天上网率。

2）定制属性类目（如定制西装、配镜、婚纱礼服、Cosplay 服装等），商品发布端卖家若可设置发货期 >7 天，则表示该类目为平台定义的定制类目。

（2）物流信息问题

平台考核的物流揽收信息，除菜鸟的信息外，平台也会抓取其他物流官网的信息参考，请卖家知悉。

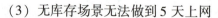

(3) 无库存场景无法做到5天上网

建议卖家根据商品的流量和转化，及时补货，避免因货物采购等问题影响5天上网时效。

(4) 包裹未在揽收范围内，无法及时上网

若卖家所在的地区未在揽收范围内，建议卖家使用"菜鸟偏远区域揽收服务"，为速卖通卖家提供覆盖范围更广、时效更有保障的上门揽收服务。

(5) 最终生效规则

1) 考核指标：5天上网率指标（以下均为自然日）。

①分子：过去30天全部发货且物流上网时间－支付成功（风控审核成功）时间小于等于5天的订单数。

②分母：过去30天支付成功（风控审核成功）的订单数－成功取消/超期取消订单数。

注：统计时间均为自然日，考虑物流上网时间反馈延迟情况，统一会预留5天。举例：1月6日的数据，统计的是1月1日倒推30天的数据。国庆和春节假期统计顺延，不统计进5天中。5天上网率考核卖家过去30天订单中5天上网情况，跟服务分考核时间不相关。

2) 考核范围：除以下所列不考核场景之外，其他所有订单都将考核5天上网率指标。

①海外仓订单暂不考核，遵循平台单独政策。

②定制属性订单：发货期>7天的订单暂不考核。

③特殊类目补差价链接不考核。

④特殊商品（如大件、液体粉末等）暂无线上物流解决方案的，卖家通过自定义发货的订单暂不考核，平台将联合菜鸟拓展和对接特殊商品线路及物流信息，根据线路拓展和数据对接情况，另行启动考核计划。

3) 考核方式：指标纳入卖家成长模型，影响卖家成长能力得分。

①若卖家5天上网率≥90%，视作可接受；如卖家5天上网率低于80%，则应注意提升。

②针对发货时效优的商家/商品，平台会有一系列激励政策。

③订单是否符合"5天上网"要求，将纳入判定该笔订单是否延迟发货的标准。延迟发货次数过多或情节严重的，将受到平台处罚。

④核期：30个自然日。如卖家的5天上网率指标考核期满后显著低于同行业店铺平均水平，平台将对卖家进行处罚，处罚措施包括但不限于搜索降权和2分扣分处罚。

未来，卖家店铺订单的上网时效指标将更多被应用于搜索排序、金银牌准入、营销报名等场景。上网率优秀卖家，更有机会优先获得搜索推荐、金银牌准入和营销报名机会。

【问题与反馈】

问：5天上网率是如何计算的？

答：过去30天全部发货且，或物流上网时间－支付成功（风控审核成功）时间小于等于5天的订单数，或过去30天支付成功（风控审核成功）的订单数－成功取消/超期取消订单数，剔除其中不考核订单。

问："5天上网率"是指工作日还是自然日？

答：自然日。

问：5 天上网率中物流上网时间具体是指什么？

答：物流上网时间以物流商提供的首条信息为准，线上发货一般是仓库揽收/签收成功；线下发货一般为收寄成功信息或物流商揽收成功信息。

问：同一笔订单填写多个物流运单号，其中一个物流运单号未能在 5 天内有物流上网信息，那么这笔订单是否算 5 天上网？

答：同一笔订单填写多个物流运单号，只有所有运单号都在 5 天内有物流上网信息，才能作为 5 天内上网订单。

问：商品所属类目可设置 >7 天备货期，订单考核是以商品实际设置的备货期为准，还是以商品所在类目的备货期为准？

答：以商品实际设置的备货期为准，若您实际设置的商品备货期设置≤7 天，您的订单也会被计入。

五、任务实施

1. 课前预习

包装规则（https：//sg‐cgmp.aliexpress.com/ae‐global‐seller‐center/rulelist）。

2. 课中练习

任务清单一　知识考察

问题 1：订单上网率的考核指标有哪些？

_____

_____

问题 2：订单上网率的考核范围是什么？

_____

_____

问题 3：订单上网率的考核方式是什么？

_____

_____

任务清单二　请完成物流方案列表

物流服务等级	线路展示名称	是否支持填写发货通知	是否支持设置运费模板	是否支持线上发货	运送范围	重量限制

任务清单三　物流订单修改和关闭规则前后对比

业务环节	变更前	变更后	商家端影响
申明发货后可修改单号时长			
菜鸟物流订单超时关单时长			

3. 课后巩固

请自学物流保障升级服务（https：//sg‐cgmp.aliexpress.com/ae‐global‐seller‐center/rulelist），小组展开讨论，并请每小组展示。

六、任务评价

1. 小组内评价（见表3‐3‐1）

表3‐3‐1　小组内评价

组员1姓名		学号		
评价指标	评价要点		分值	得分
参与态度	积极主动交流		30	
	能提出个人见解		40	
	互相尊重		30	
组员1组内评价得分				

续上表

组员2姓名		学号		
评价指标	评价要点		分值	得分
参与态度	积极主动交流		30	
	能提出个人见解		40	
	互相尊重		30	
组员2组内评价得分				
组员3姓名		学号		
评价指标	评价要点		分值	得分
参与态度	积极主动交流		30	
	能提出个人见解		40	
	互相尊重		30	
组员3组内评价得分				
组员4姓名		学号		
评价指标	评价要点		分值	得分
参与态度	积极主动交流		30	
	能提出个人见解		40	
	互相尊重		30	
组员4组内评价得分				

2. 小组间评价（见表3-3-2）

表3-3-2　小组间评价

小组编号			
评价指标	评价要点	分值	得分
展示效果	声音洪亮	10	
	表达清晰	30	
任务完成质量	信息搜索完整	30	
	操作准确	30	
小组得分			

3. 教师评价（见表3-3-3）

表3-3-3 教师评价

评价维度	评价指标	评价权重	评价要点	分值	得分
知识40%	单项知识掌握度	课程预习	学习资料的预习情况	10	
		基本知识	掌握课程知识内容	10	
		作业提交	作业提交情况	20	
能力40%	学习成果	信息搜集（20分）	完整性：能够完成任务清单的所有内容	5	
			准确性：能够准确搜集物流规则信息	10	
			规范性：能够按照任务要求规范分析	5	
		物流规则信息（10分）	完整性：能够完成任务清单的所有内容	3	
			准确性：能够准确搜集物流规则信息	3	
			功能性：能够充分利用平台提示完成任务	4	
		具体操作（10分）	完整性：能够完成任务所有步骤	3	
			准确性：能够准确填写信息	3	
			高效性：能够按照时间进度完成任务	4	
素质20%	工匠素养	有操守：政治意识与诚信守法		3	
		有情怀：家国情怀与文化传承		3	
		关注跨境电商领域，勇于创新		3	
		细心：严谨认真，积极参与课堂活动		2	
		恒心：自主学习，勇于克服困难		2	
		精心：精益求精		2	
		责任心：服从组织调配和管理，敢于担当		2	
	劳动素养	吃苦耐劳，与时俱进		3	
		任务三合计得分			

七、任务拓展

1. 个人反思（见表3-3-4）

表3-3-4 个人反思

姓名		学号		组号	
评价指标	评价内容			分值	分数评定
信息检索	能有效利用网络平台查找与物流其他相关规则等；能将查到的信息有效地传递到学习中			10	
感知课堂生活	熟悉其他物流规则的相关内容，认同工作价值；在学习中能获得满足感			10	

续上表

评价指标	评价内容	分值	分数评定
参与态度	积极主动与教师、同学交流，相互尊重、理解、平等；与教师、同学之间能够保持多向、丰富、适宜的信息交流	10	
	能处理好合作学习和独立思考的关系，做到有效学习；能提出有意义的问题或能发表个人见解	10	
知识获得	能说出物流其他相关规则的查询入口	10	
	能区分物流方案列表的基本内容	10	
	能区分物流信息更改的路径	10	
	能说出上网率规则的基本内容	10	
思维态度	能发现问题、提出问题、分析问题、解决问题、创新问题	10	
自评反馈	按时按质完成任务；较好地掌握了知识点；具有较强的信息分析能力和理解能力；具有较为全面严谨的思维能力并能条理清楚地表达成文	10	
自评分数			
有益的经验和做法			
总结反馈建议			

2. 小组优化

以小组为单位，对已掌握的物流规则进行讨论归纳以及优化。

3. 拓展训练

以小组为单位，查阅物流咨询界面（https：//csp.aliexpress.com/apps/register/notice_65uby6rt？channelId＝124346&spm＝a2zcb.21091193.new－navigation.4.1fb47461Fk4Tks），选择任意话题展开讨论。

思政园地	行业观察	协作创新
跨境电商遭遇到的两类交易欺诈	2022年物流业回顾及2023年趋势和展望	跨境电商：创新转型提升差异化竞争力

模块二　物流设计

项目四　平台物流方式简介

任务一　经济简易包邮

一、工作场景描述

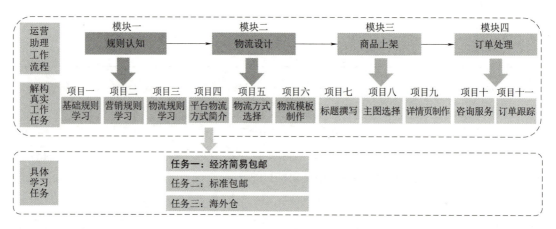

根据跨境电商运营助理岗位的工作流程，将课程分为四个模块，并解构工作内容，设计十一个项目和对应的学习任务。本任务为模块二"物流设计"项目一"平台物流方式简介"中的第一个任务——"经济简易包邮"，将用2学时完成。

二、任务描述

在产品上架之前，运营助理需要了解可能用到的所有物流线路，并明确物流成本，才能设置产品上架的价格，因此需要提前梳理平台的物流情况，本任务需要了解经济简易物流的具体内容（见图4-1-1）。

图 4-1-1　物流介绍界面

本次任务需要完成经济简易物流情况的梳理工作。

 三、任务目标及重难点

通过本次任务，你应达到以下目标。

知识目标	1. 了解经济简易物流的基本内容； 2. 掌握免费揽收服务的查询界面
能力目标	1. 能够明确寄送限制； 2. 能够明确物流保护政策
素质目标	培养学生的创造精神和工匠精神，增强规则意识
学习重点	掌握免费揽收服务的基本内容
学习难点	能够明确简易物流的基本内容

 四、相关知识点

1. 菜鸟无忧物流 – 简易（AliExpress Saver Shipping）

（1）线路介绍

1）物流信息可查询：提供出口报关、国际干线运输、末端接收、到达目的地邮局、买家签收（仅限俄罗斯、白俄罗斯、乌克兰、西班牙、智利、立陶宛、爱沙尼亚、拉脱维亚、以色列、摩尔多瓦、波兰、斯里兰卡十二国）等关键环节的追踪和查询，采用优质干线资源运输和清关配送服务，正常情况下 15~20 天可以实现俄罗斯、乌克兰、韩国大部分地区妥投，20~25 天可以实现西班牙、白俄罗斯大部分地区妥投，30 天可以实现英国、波兰、比利时、德国、荷兰、捷克、葡萄牙、法国、斯洛伐克、匈牙利、罗马尼亚、保加利亚、希腊、芬兰、丹麦、奥地利、斯洛文尼亚、克罗地亚、塞浦路斯、瑞典、爱尔兰、马耳他、卢森堡、意大利、立陶宛、拉脱维亚、爱沙尼亚、加拿大、以色列、挪威、塞尔维亚、斯里兰卡、摩尔多瓦大部分地区妥投，30～40天实现智利大部分地区妥投。

2）操作简单：一键选择无忧物流即可完成运费模板配置，深圳、广州、义乌等重点城市提供免费上门揽收服务。

3）平台承担售后：物流纠纷无须卖家响应，直接由平台介入核实物流问题并判责。因物流原因导致的纠纷，DSR低分不计入卖家账号考核。

4）交寄便利：北京、深圳、广州、东莞、佛山、汕头、中山、珠海、江门、义乌、金华、杭州、宁波、温州（乐清）、上海、昆山、南京、苏州、无锡、福州、厦门、泉州、惠州、莆田、青岛、长沙、武汉、郑州、成都、葫芦岛兴城、保定白沟等城市提供上门揽收服务，非揽收区域的卖家可自行寄送至揽收仓库或可选择申通快递前置揽收服务。

5）赔付无忧：物流原因导致的纠纷退款，由平台承担，赔付上限：

①俄罗斯、白俄罗斯、乌克兰、韩国：35元。

②西班牙：70元。

③智利、英国、波兰、比利时、德国、荷兰、捷克、葡萄牙、法国、斯洛伐克、匈牙利、罗马尼亚、保加利亚、希腊、芬兰、丹麦、奥地利、斯洛文尼亚、克罗地亚、塞浦路斯、瑞典、爱尔兰、马耳他、卢森堡、意大利、立陶宛、拉脱维亚、爱沙尼亚、加拿大、以色列、挪威、塞尔维亚、斯里兰卡、摩尔多瓦：60元。

（2）运送范围及价格

1）运送范围：俄罗斯、西班牙、乌克兰、白俄罗斯、智利、英国、波兰、比利时、德国、荷兰、捷克、葡萄牙、法国、斯洛伐克、匈牙利、罗马尼亚、保加利亚、希腊、芬兰、丹麦、奥地利、斯洛文尼亚、克罗地亚、塞浦路斯、瑞典、爱尔兰、马耳他、卢森堡、韩国、意大利、立陶宛、拉脱维亚、爱沙尼亚、加拿大、以色列、挪威、塞尔维亚、斯里兰卡、摩尔多瓦全境。

2）计费方式：俄罗斯、乌克兰、白俄罗斯、智利、英国、波兰、比利时、德国、荷兰、捷克、葡萄牙、法国、斯洛伐克、匈牙利、罗马尼亚、保加利亚、希腊、芬兰、丹麦、奥地利、斯洛文尼亚、克罗地亚、塞浦路斯、瑞典、爱尔兰、马耳他、卢森堡、韩国、意大利、立陶宛、拉脱维亚、爱沙尼亚、加拿大、以色列、挪威、塞尔维亚、斯里兰卡、摩尔多瓦全境，运费根据包裹重量按克计费，1克起计，每个单件包裹限重在2 000克以内；西班牙运费根据包裹重量按克计费，1克起计，每个单件包裹限重在500克以内。

（3）时效

1）预计时效：预计15～20天可以实现俄罗斯、乌克兰、韩国大部分地区妥投，20～25天可以实现西班牙、白俄罗斯大部分地区妥投，30天可以实现英国、波兰、比利时、德国、荷兰、捷克、葡萄牙、法国、斯洛伐克、匈牙利、罗马尼亚、保加利亚、希腊、芬兰、丹麦、奥地利、斯洛文尼亚、克罗地亚、塞浦路斯、瑞典、爱尔兰、马耳他、卢森堡、意大利、立陶宛、拉脱维亚、爱沙尼亚、加拿大、以色列、挪威、塞尔维亚、斯里兰卡、摩尔多瓦大部分地区妥投，30～40天实现智利大部分地区妥投。

2）承诺时效：无忧物流的承诺运达时间由平台承诺，卖家不能修改。因物流原因导致的纠纷退款由平台承担。

随着全球疫情的发展与各地局势不同，物流承诺时效有所变化，卖家可及时关注平台公告，以最新通知为准。

乌克兰：90 天；巴西、俄罗斯：75 天；其他国家：60 天。

斯里兰卡时效自美西时间 2023 年 2 月 15 日（出现上网信息）起订单承诺时效恢复至 60 天

注：斯里兰卡时效自美西时间 2023 年 2 月 15 日（出现上网信息）前订单承诺时效 120 天

（4）物流信息查询

1）物流详情：可提供出口报关、国际干线运输、到达目的地邮局、买家签收（仅限俄罗斯、白俄罗斯、乌克兰、西班牙、智利、立陶宛、拉脱维亚、爱沙尼亚、以色列、摩尔多瓦、波兰、斯里兰卡十二国）等关键环节的追踪和查询。

2）物流详情查询平台：

①速卖通平台订单页面：速卖通会在订单详情页面直接展示物流跟踪信息。

②菜鸟官方物流追踪网站：https://global.cainiao.com/。

2. 免费揽收服务

网址：https://csp.aliexpress.com/apps/logistics/linedetail_8?spm=5261.24540584.0.0.33c34edfeWFn3O&tab=2。

3. 货物寄送限制

1）收货人的邮编必须准确，否则无法派送。

2）品名限制：由于进口为邮政清关，所以申报品名应详细准确，不要填写笼统的泛指品名，如 Sample、Gift、Parts、Others 等。

3）支持寄递的锂电池带电设备应满足以下条件（需申报带电）：

①内置电池指锂电池安装在电子设备中。

②锂离子电池芯的瓦时额定值不超过 20 W·h，锂离子电池的瓦时额定值不超过 100 W·h，锂金属电池芯的锂含量不超过 1 g，锂金属或锂合金电池的合计锂含量不超过 2 g。

③每个电池芯或电池必须通过 UN38.3 测试（《联合国试验与标准手册》，United Nations Manual of Tests and Criteria）第Ⅲ部第 38.3 节所载的各项要求）。

④必须做好防短路措施或防止意外启动的有效措施。

⑤单个包装件内不得超过四个锂电池芯或两个锂电池。

⑥单个包装件内锂电池芯或锂电池净重不得超过 5 kg。

⑦除非有关器材/设备已为锂电池提供足够保护，否则有关器材/设备须置于坚固的外包装内，即使用具足够强度的合适包装物料，以及符合包装要求和预定用途的设计。

例 1：所有手表（包括但不限于电子表、机械表、石英表等）、键盘、鼠标、带电或者可以装电池的玩具、游戏手柄、会发光的手机壳均需走带电渠道。

例 2：卖家小清出售的手机包含有一块原装电池和一块替换电池，发货时不能寄替换电池，且原装电池必须安装在手机中处于绝缘状态才可以寄送且申报带电。

例 3：根据国际危险品规则，内含锂电池的设备，如果意外启动会产生高温高热，为保证运输安全，设备和电池必须分开包装再运输，例如加热卷发棒，此类商品不能按照内置电池的带电设备运输。

4）地区限制：智利、俄罗斯及西班牙，目前支持普货及内置电池，不支持外电、纯电、磁性物质和化工品（含化妆品）。

4. 保护政策

为了给买卖双方提供一个公平、安全的交易环境，确保卖家可以放心地在速卖通平台上经营，帮助卖家降低物流不可控因素的影响，使用菜鸟无忧物流发货的订单将享受以下保护政策。

（1）适用对象

使用菜鸟无忧物流进行实际发货且填写发货通知的订单。

（2）订单满足条件

1）卖家如实填写发货通知：使用无忧物流发货，填写发货通知时选择的物流方案为无忧物流。

无忧物流目前提供三种服务：菜鸟无忧物流—简易、菜鸟无忧物流—标准、菜鸟无忧物流—优先。

2）卖家已交货到仓库且无延迟发货情况：自创建物流订单起 5 个工作日内货物到仓。

货物是否到仓以及到仓时间以上网信息为准：揽收件以揽件成功信息为准，自寄件以仓库签收成功信息为准。

备注：若卖家填写发货通知时未选择菜鸟无忧物流，则物流纠纷需要卖家自行响应，纠纷退款无法享受敢用敢赔保障，且该笔订单产生的物流纠纷、DSR 低分仍然计入考核；若卖家出现延迟发货行为则无法享受敢用敢赔保障，且该笔订单产生的物流纠纷、DSR 低分仍然计入考核。

特别提醒，为避免延迟发货，自创建物流订单起 5 个工作日内货物到仓（见图 4-1-2）。

揽收件需要自创建物流订单起 3 个工作日内联系仓库上门揽收（预留 2 个工作日时间给仓库进行揽收及处理）。

自寄件需要自创建物流订起单 4 个工作日内确保货物到达仓库并签收（预留 1 个工作日时间给仓库进行处理）。

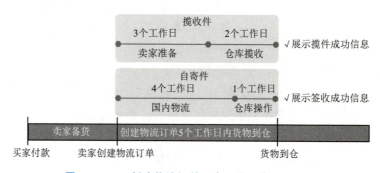

图 4-1-2　创建物流订单 5 个工作日内货物到仓

（3）卖家保护政策

1）保护政策 1：物流纠纷无须卖家响应，直接由平台介入核实物流状态并判责

买家发起未收到货纠纷后，卖家无须响应，直接由平台介入核实物流状态并判责（见图 4-1-3）。

提醒：非物流问题导致的纠纷，仍然需要卖家自行处理。

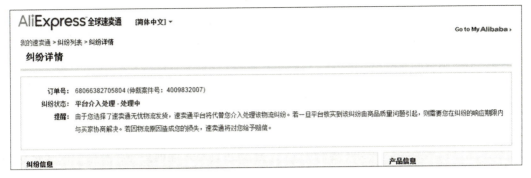

图 4-1-3 卖家保护政策

2）保护政策 2：因物流原因导致的纠纷、DSR 低分不计入卖家账号考核具体保护政策：

①在订单交易结束后，买家匿名给予 DSR 分项评分——物流运送时间合理性（Shopping Speed）1、2、3 星评价，不计入买家不良体验订单中 DSR 物流 1、2、3 分；

②对于买家提起的未收到货纠纷/纠纷处理人员修改为未收到货的纠纷，最终速卖通进行裁决的情况，不计入纠纷提起率、仲裁提起率及卖家责任率；

③买家以未收到货提起的纠纷，最终速卖通平台判断是货物有问题的纠纷且卖家无责任的情况，对纠纷提起率、仲裁提起率进行免责。

备注：交易期间突发不可抵抗事件（如地震、洪水、爆仓等），平台会根据不可抗力事件的具体情况，对因该事件引起的订单是否采用敢用敢赔规则进行综合判断，具体的判定和范围以平台公告为准。

3）保护政策 3：你敢用我敢赔，物流原因导致的纠纷退款由平台承担无忧物流敢用敢赔：

①菜鸟无忧物流——标准：基础赔付上限 300 元；

②菜鸟无忧物流——优先：赔付上限 1 200 元；

③菜鸟无忧物流——简易：赔付上限 35/60/70 元；

因以下问题导致的纠纷退款由平台承担：

①货物仍然在运输途中（超过限时达时间/货物丢失）；

②物流原因导致的运单号无法查询到物流信息；

③物流商发错地址。

卖家责任平台不赔付，例如：

①卖家延迟发货，自创建物流订单起 5 个工作日内货物未到达仓库；

②卖家填写了错误的运单号；

③卖家填错地址；

④卖家未按约定方式发货，例如买家下单时选择优先服务，卖家擅自更换为标准服务；

⑤卖家商品包装不当，导致商品因缺乏必要的缓冲保护材料而破损。

【问题与反馈】

问：敢用敢赔的赔付流程怎么走，需要卖家操作吗？

答：无须卖家操作，纠纷人员在判责过程中会进行处理。

问：怎么查看是否赔付？

答：若是订单符合赔付的条件，在仲裁结束后的一周左右，款项会直接打到卖家的美元提现账户中。

4）保护政策4：物流服务不满意卖家可在线投诉。

标准服务：从物流订单创建起120天内，卖家可针对入库前丢件、费用争议（重量不符为60天）在线发起投诉（见图4-1-4）。

优先服务：从物流订单创建起40天内，卖家可针对入库前丢件、费用争议在线发起投诉。

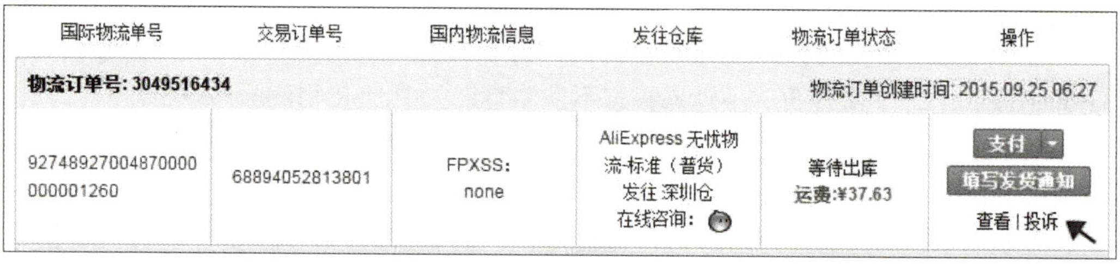

图4-1-4 在线投诉界面

五、任务实施

1. 课前预习

简易物流退件说明（https：//csp.aliexpress.com/apps/logistics/linedetail_8？spm=5261.24540584.0.0.33c34edfeWFn3O&tab=7）。

2. 课中练习

任务清单一 简易物流保护政策

问题1：保护政策1是什么？

问题2：保护政策2是什么？

问题3：保护政策3是什么？

任务清单二　简易物流重量体积限制表

包裹形状	重量限制	最大体积限制	最小体积限制
方形包裹			
圆柱形包裹			

任务清单三　错误包装案例

图示			
错误原因			
图示			
错误原因			

3. 课后巩固

以小组为单位，列举某一商品，讨论是否适合简易物流，请每个小组展示。

六、任务评价

1. 小组内评价（见表 4–1–1）

表 4–1–1　小组内评价

组员 1 姓名		学号		
评价指标	评价要点		分值	得分
参与态度	积极主动交流		30	
	能提出个人见解		40	
	互相尊重		30	
组员 1 组内评价得分				

续表

组员2姓名		学号		
评价指标	评价要点		分值	得分
参与态度	积极主动交流		30	
	能提出个人见解		40	
	互相尊重		30	
组员2组内评价得分				

组员3姓名		学号		
评价指标	评价要点		分值	得分
参与态度	积极主动交流		30	
	能提出个人见解		40	
	互相尊重		30	
组员3组内评价得分				

组员4姓名		学号		
评价指标	评价要点		分值	得分
参与态度	积极主动交流		30	
	能提出个人见解		40	
	互相尊重		30	
组员4组内评价得分				

2. 小组间评价（见表4-1-2）

表4-1-2 小组间评价

小组编号			
评价指标	评价要点	分值	得分
展示效果	声音洪亮	10	
	表达清晰	30	
任务完成质量	信息搜索完整	30	
	操作准确	30	
小组得分			

3. 教师评价（见表4-1-3）

表4-1-3 教师评价

评价维度	评价指标	评价权重	评价要点	分值	得分
知识40%	单项知识掌握度	课程预习	学习资料的预习情况	10	
		基本知识	掌握课程知识内容	10	
		作业提交	作业提交情况	20	

续表

评价维度	评价指标	评价权重	评价要点	分值	得分
能力40%	学习成果	信息搜集（20分）	完整性：能够完成任务清单的所有内容	5	
			准确性：能够准确搜集产品信息	10	
			规范性：能够按照任务要求规范分析	5	
		简易物流信息（10分）	完整性：能够完成任务清单的所有内容	3	
			准确性：能够准确搜集简易物流信息	3	
			功能性：能够充分利用平台提示完成任务	4	
		任务操作（10分）	完整性：能够完成简易物流的所有任务	3	
			准确性：能够准确填写信息	3	
			高效性：能够按照时间进度完成任务	4	
素质20%	工匠素养	有操守：政治意识与诚信守法		3	
		有情怀：家国情怀与文化传承		3	
		关注跨境电商领域，勇于创新		3	
		细心：严谨认真，积极参与课堂活动		2	
		恒心：自主学习，勇于克服困难		2	
		精心：精益求精		2	
		责任心：服从组织调配和管理，敢于担当		2	
	劳动素养	吃苦耐劳，与时俱进		3	
		任务一合计得分			

七、任务拓展

1. 个人反思（见表4-1-4）

表4-1-4 个人反思

姓名		学号		组号	
评价指标	评价内容			分值	分数评定
信息检索	能有效利用网络平台查找与简易物流相关的规则等；能将查到的信息有效地传递到学习中			10	
感知课堂生活	熟悉简易物流的内容，认同工作价值；在学习中能获得满足感			10	
参与态度	积极主动与教师、同学交流，相互尊重、理解、平等；与教师、同学之间能够保持多向、丰富、适宜的信息交流			10	
	能处理好合作学习和独立思考的关系，做到有效学习；能提出有意义的问题或能发表个人见解			10	

续表

评价指标	评价内容	分值	分数评定
知识获得	能说出简易物流的基本内容	10	
	能区分免费揽收范围	10	
	能明确寄送限制	10	
	能明确保护政策	10	
思维态度	是否能发现问题、提出问题、分析问题、解决问题、创新问题	10	
自评反馈	按时按质任务；较好地掌握了知识点；具有较强的信息分析能力和理解能力；具有较为全面严谨的思维能力并能条理清楚地表达成文	10	
自评分数			
有益的经验和做法			
总结反馈建议			

2. 小组优化

以小组为单位，对任务清单完成情况进行讨论及优化。

3. 拓展训练

以小组为单位，找到你所在的省份城市的仓库地址、揽收服务时间等信息，完成表4－1－5。

表4－1－5 拓展训练

省份	城市	揽收城区	仓库地址	揽收服务时间	仓库接受包裹时间	自寄到仓联系人	揽收联系人

思政园地

跨境电商培育
外贸新增长点

行业观察

跨境电商创新
生态逆势增长

协作创新

全国电子商务
公共服务网

任务二 标准包邮

一、工作场景描述

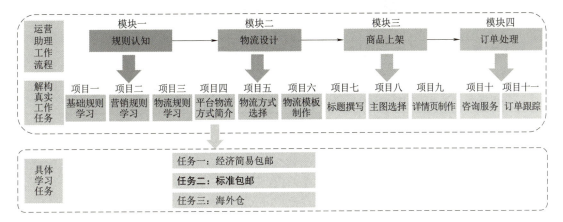

根据跨境电商运营助理岗位的工作流程，将课程分为四个模块，并解构工作内容，设计十一个项目和对应的学习任务。本任务为模块二"物流设计"项目四"平台物流方式简介"中的第二个任务——"标准包邮"，将用2学时完成。

二、任务描述

在产品上架之前，运营助理需要了解可能用到的所有物流线路，并明确物流成本，才能设置产品上架的价格，因此需要提前梳理平台的物流情况，本任务需要了解标准物流的具体内容（见图4-2-1）。

图4-2-1 物流介绍界面

本次任务需要完成标准物流情况的梳理工作。

三、任务目标及重难点

通过本次任务,你应达到以下目标。

知识目标	1. 了解标准物流的基本内容; 2. 了解免费揽收的范围
能力目标	1. 能够区分收费揽收服务; 2. 能够找到发货规范
素质目标	培养学生的创造精神和工匠精神,增强规则意识
学习重点	掌握标准物流的基本内容
学习难点	能够根据产品特色进行规范包装

 四、相关知识点

1. 标准物流的基本内容

(1)线路介绍

1)渠道稳定时效快:菜鸟网络与优质物流商合作,搭建覆盖全球的物流配送服务。通过领先业内的智能分单系统,根据目的国、品类、重量等因素,匹配出最佳物流方案,核心国家预估时效 16~35 天。

2)操作简单:一键选择无忧物流即可完成运费模板配置,深圳、广州、义乌等重点城市提供免费上门揽收服务。

3)平台承担售后:物流纠纷无须卖家响应,直接由平台介入核实物流问题并判责。因物流原因导致的纠纷、DSR 低分不计入卖家账号考核。

4)交寄便利:北京、深圳、广州、东莞、佛山、汕头、中山、珠海、江门、义乌、金华、杭州、宁波、温州(乐清)、上海、昆山、南京、苏州、无锡、福州、厦门、泉州、惠州、莆田、青岛、长沙、武汉、郑州、成都、葫芦岛兴城、保定白沟提供上门揽收服务,非揽收区域卖家可自行寄送至揽收仓库。

5)赔付无忧:物流原因导致的纠纷退款,由平台承担,基础赔付上限 300 元。

6)货值保障升级服务:购买货值保障升级服务的订单,因物流原因导致的纠纷退款享货值保障升级服务。购买货值保障正逆向升级服务的订单,因物流原因导致的纠纷退款享受货值保障正逆向升级服务。

(2)运送范围及价格

1)运送范围:运送范围为全球 254 个国家及地区;其中俄罗斯自提服务覆盖俄罗斯本土 66 个州、183 个城市的近 800 个自提柜;法国自提支持法国本土全境,目前不包括科西嘉岛等外岛;以色列物流服务为覆盖以色列本土全境的自提服务。

2)计费方式:

①小包,1 g 起重,按克计费。

②大包,实际重量与体积重取大值计重体积重:长(cm)×宽(cm)×高(cm)/8 000。

测量使用四舍五入后取的整数值，计算后的单位为 kg（保留小数点后三位）。

③欧盟 25 国，1 g 起重，按 g 计费；其余国家，0.5 kg 起重，每 500 g 计费。

④小包普货、小包非普货及大包计费标准不同，部分国家不支持寄送大包货物。

a. 小包计费：包裹申报重量≤2 kg，且包裹实际重量≤2 kg，且包裹单边长度≤60 cm，且包裹长＋宽＋高≤90 cm。

b. 大包计费：包裹申报重量＞2 kg，或包裹实际重量＞2 kg，或包裹单边长度＞60 cm，或包裹长＋宽＋高＞90 cm。

价格生效时间：以公告时间为准。

注：仓库根据包裹出库时的重量尺寸计算运费。同时，如果包裹超出原物流渠道寄送限制，仓库会重新分配物流渠道和计算运费，实际支付运费有可能高于试算运费。如卖家需要通过小包发货，则确保包裹符合小包寄送要求。

例如：卖家小清的订单包裹重量＜2 kg，同时包裹单边长度＞60 cm，或包裹长＋宽＋高＞90 cm，则该单会通过无忧物流中大包进行寄送，运费高于小包运费。

3）目的国无法投递退件收费标准：详情请查看无法投递服务说明（https：//gsp. aliexpress. com/apps/register/notice_ 56g4wy）。

（3）时效

1）预计时效：

①正常情况：16~35 天到达目的地。

②特殊情况除外（包括但不限于不可抗力、海关查验、政策调整以及节假日等）。

③查询物流时效：https：//ilogistics. aliexpress. com/recommendation_ engine_ public. htm。

2）承诺时效：随着全球疫情的发展与各地局势不同，物流承诺时效有所变化，卖家可及时关注平台公告，以最新通知为准。

乌克兰：90 天；巴西：75 天；其他国家：60 天。

（4）物流信息查询

1）物流详情：全程可跟踪（部分特殊国家除外）。

2）物流详情查询平台：

①速卖通平台订单页面：速卖通会在订单详情页面直接展示物流跟踪信息。

②菜鸟官方物流追踪网站：https：//global. cainiao. com。

2. 免费揽收服务

1）目前免费揽收服务已覆盖主要发货热门城市。

2）香港仓、威海仓均不提供免费揽收，需要商家自寄或自送到仓库，详细寄送地址请参照系统提示。

3）现有划定的免费揽收区域内，将提供 1 件起免费上门揽收。

4）免费揽收区域外，需卖家通过国内快递或选择"菜鸟偏远区域揽收服务"将包裹寄送至仓库。

5）需上门揽收的订单卖家通过操作"预约交货"下发揽收任务给仓库，仓库根据揽收任务安排司机上门揽收；同时司机上门揽收时扫描预约交货单面单记录的时间作为物流上网的时间。使用"预约交货"功能的订单，包裹上网时间可提前 12~48 小时不等。

特别提醒：卖家需要自物流订单创建起的 5 个工作日内，通过揽收或自寄自送的方式将包裹交接给物流商且确保成功展示揽收或签收成功信息（注：对于仓库揽收需预留 2 个工作日/自寄方式需要预留 1 个工作日，给仓库进行货物处理及信息上网展示时间），若发货延迟，卖家将无法享受无忧标准的赔付补偿。

3. 收费揽收服务

（1）服务简介

"菜鸟偏远区域揽收服务"属于收费的增值服务，为速卖通卖家提供覆盖范围更广、时效更有保障的上门揽收服务，该服务主要应用于现有免费揽收范围无法覆盖的区域，免费揽收覆盖区域暂无法使用菜鸟偏远区域揽收服务。

通过此服务揽收的包裹，将直接送至菜鸟分拨中心进行分拣并进行国际段运输，减少了揽收仓分拣环节，为卖家的自寄包裹尽量缩短国内操作时效。

目前下列线路可使用菜鸟偏远区域揽收服务：菜鸟超级经济 Global、菜鸟专线经济、菜鸟特货专线－超级经济、菜鸟超级经济、菜鸟超级经济－顺友、菜鸟超级经济－燕文、菜鸟无忧物流－简易、菜鸟特货专线－简易、菜鸟无忧物流－标准、菜鸟大包专线、菜鸟特货专线－标准、燕文航空挂号小包、菜鸟无忧物流－优先、菜鸟专线－标准。

目前下列线路暂不可使用菜鸟偏远区域揽收服务：中国邮政平常小包＋、中国邮政挂号小包、中邮 e 邮宝、菜鸟无忧集运。

注：上述线路并非全国可揽收，不同线路的开通覆盖省份不同。但菜鸟偏远区域揽收服务在大部分揽收区域可覆盖至村级。

（2）如何操作

小包物流订单创建：卖家在线上发货时，菜鸟会根据卖家输入的揽收地址自动匹配是否属于可揽收的偏远区域，如属于可揽收区域，卖家可自行选择此服务。

预约交货：卖家在发货时需要根据货物揽收仓进行预约交货（使用"大包约揽"方式），将小包关联在一起并生成交接单（即组大包号），详细操作步骤参考"菜鸟偏远区域揽收服务说明"。

（3）费用和时效

计费方式：首重 2 kg ＋续重 1 kg（首重不满 2 kg 按 2 kg 计；续重不满 1 kg 按 1 kg 计），偏远区域服务费用将根据不同发货省份及送达城市收取。

菜鸟补贴后的优惠价格见表 4－2－1。上海、杭州、义乌、广州、深圳、东莞 6 个城市（行政区域）中，在菜鸟免费揽收区域以外的区域，享受菜鸟偏远区域揽收服务的免费揽收服务。

表 4－2－1　补贴价格表

序号	发件省	目的城市	首重（2 kg）	续重（1 kg）
1	安徽省	杭州	5.1	0.8
2	北京市	杭州	6.8	2.5
3	甘肃省	杭州	8.8	3.5

续表

序号	发件省	目的城市	首重（2 kg）	续重（1 kg）
4	河北省	杭州	6.8	2.5
5	河南省	杭州	6.8	2.5
6	黑龙江省	杭州	7.8	2.8
7	湖北省	杭州	6.8	2.5
8	吉林省	杭州	7.8	2.8
9	江苏省	杭州	4.5	1.2
10	江西省	杭州	7.8	2.8
11	辽宁省	杭州	7.8	2.8
12	内蒙古自治区	杭州	8.8	3.5
13	宁夏回族自治区	杭州	8.8	3.5
14	山东省	杭州	6.3	2.5
15	山西省	杭州	6.8	2.5
16	陕西省	杭州	7.8	2.8
17	上海市	杭州	免费	免费
18	四川省	杭州	7.8	2.8
19	天津市	杭州	6.8	2.5
20	浙江省	杭州	4.3	0.8
21	重庆市	杭州	8.8	3.5
22	福建省	东莞	5.3	2
23	广东省	东莞	4.3	0.8
24	广西壮族自治区	东莞	5.3	2
25	贵州省	东莞	7.8	2.8
26	湖南省	东莞	5.3	2
27	云南省	东莞	5.4	2.6

注：

①该揽收服务费用将在偏远区域揽收服务的大包签收时扣取揽收服务费。

②每个交接单仅能对应1个大包，大包单边尺寸不能超过105 cm，三边总和不能超过200 cm，重量不能超过30 kg。

③根据相关要求，部分区域发的包裹，需要发货人提供真实姓名并上传身份证号。

④包装要求:卖家需要将多个小包打包在大包中,大包必须保证外表完整无破损且已经封口。若卖家的大包包装不符合标准,物流商将拒绝揽收卖家的包裹。

⑤面单打印:卖家需要提前在组包管理页面中,将打印出来的交接单面单贴在大包外。(大包中的每一个小包依旧需要贴好发货标签或云打印标签,若出现小包无面单的情况,仓库将按照无主件进行处理)

⑥面单尺寸要求:10 cm × 15 cm。

⑦案例说明:卖家从西安发了一个大包到菜鸟杭州分拨中心,其费用标准如下表所示。

大包重量(kg)	计费金额(元)	备　　注
0.5	7	首重2 kg 计费,价格7元,续重2.8元
1.5	7	首重2 kg 计费,价格7元,续重2.8元
2.5	8.4	首重价格+1 kg 续重价格(2.8元/kg×0.5)
10	29.4	首重价格+8 kg 续重价格(2.8元/kg×8)

 五、任务实施

1. 课前预习

预交货服务介绍(https://www.yuque.com/dingdan-yilgw/lomqrk/gkk4mx?spm=5261.24818820.0.0.20454edfcVxBxN#dJKIh)。

2. 课中练习

任务清单一　计费金额核算

卖家从四川成都发了一个大包到菜鸟杭州分拨中心,请按照要求计算运费。

大包重量	计费金额(元)	备注(首重价格,续重价格)
0.5 kg		
1.5 kg		
2.5 kg		
10 kg		

任务清单二　发货规范

问题1:小包规范有哪些?

___

问题2:大包规范有哪些?

___

问题3：小包包装注意事项有哪些？

任务清单三　投诉举证和赔付标准

学习菜鸟无忧物流－标准的收费揽收服务，完成下列表格。

投诉类型	有效期	举例	举证规则	举证时效	免责事由	赔付标准

3. 课后巩固

以小组为单位，讨论任务清单完成情况，并请每小组展示。

 六、任务评价

1. 小组内评价（见表 4-2-2）

表 4-2-2　小组内评价

组员1姓名		学号		
评价指标	评价要点		分值	得分
参与态度	积极主动交流		30	
	能提出个人见解		40	
	互相尊重		30	
组员1组内评价得分				
组员2姓名		学号		
评价指标	评价要点		分值	得分
参与态度	积极主动交流		30	
	能提出个人见解		40	
	互相尊重		30	
组员2组内评价得分				
组员3姓名		学号		
评价指标	评价要点		分值	得分
参与态度	积极主动交流		30	
	能提出个人见解		40	
	互相尊重		30	
组员3组内评价得分				

续表

组员4姓名		学号		
评价指标	评价要点		分值	得分
参与态度	积极主动交流		30	
	能提出个人见解		40	
	互相尊重		30	
组员4组内评价得分				

2. 小组间评价（见表4-2-3）

表4-2-3　小组间评价

小组编号			
评价指标	评价要点	分值	得分
展示效果	声音洪亮	10	
	表达清晰	30	
任务完成质量	信息搜索完整	30	
	操作准确	30	
小组得分			

3. 教师评价（见表4-2-4）

表4-2-4　教师评价

评价维度	评价指标	评价权重	评价要点	分值	得分
知识40%	单项知识掌握度	课程预习	学习资料的预习情况	10	
		基本知识	掌握课程知识内容	10	
		作业提交	作业提交情况	20	
能力40%	学习成果	信息搜集（20分）	完整性：能够完成任务清单的所有内容	5	
			准确性：能够准确搜集物流信息	10	
			规范性：能够按照任务要求规范分析	5	
		标准物流（10分）	完整性：能够完成任务清单的所有内容	3	
			准确性：能够准确搜集标准物流信息	3	
			功能性：能够充分利用平台提示完成任务	4	
		具体操作（10分）	完整性：能够完成所有操作步骤	3	
			准确性：能够准确填写信息	3	
			高效性：能够按照时间进度完成任务	4	

续表

评价维度	评价指标	评价权重	评价要点	分值	得分
素质20%	工匠素养	有操守：政治意识与诚信守法		3	
		有情怀：家国情怀与文化传承		3	
		关注跨境电商领域，勇于创新		3	
		细心：严谨认真，积极参与课堂活动		2	
		恒心：自主学习，勇于克服困难		2	
		精心：精益求精		2	
		责任心：服从组织调配和管理，敢于担当		2	
	劳动素养	吃苦耐劳，与时俱进		3	
		任务二合计得分			

 七、任务拓展

1. 个人反思（见表 4－2－5）

表 4－2－5　个人反思

姓名		学号		组号	
评价指标	评价内容			分值	分数评定
信息检索	能有效利用网络平台查找与标准物流相关的规则等；能将查到的信息有效地传递到学习中			10	
感知课堂生活	熟悉标准物流的内容，认同工作价值；在学习中能获得满足感			10	
参与态度	积极主动与教师、同学交流，相互尊重、理解、平等；与教师、同学之间能够保持多向、丰富、适宜的信息交流			10	
	能处理好合作学习和独立思考的关系，做到有效学习；能提出有意义的问题或能发表个人见解			10	
知识获得	能说出标准物流的基本内容			10	
	能查找免费揽收的范围			10	
	能区分收费揽收服务			10	
	能根据要求遵守发货规范			10	
思维态度	能发现问题、提出问题、分析问题、解决问题、创新问题			10	
自评反馈	按时按质完成任务；较好地掌握了知识点；具有较强的信息分析能力和理解能力；具有较为全面严谨的思维能力并能条理清楚地表达成文			10	
自评分数					

续表

有益的经验和做法	
总结反馈建议	

2. 小组优化

以小组为单位,讨论菜鸟标准物流的揽收范围,以某一产品为例,核算物流成本。

3. 拓展训练

以小组为单位,学习菜鸟标准物流的退件说明,完成表4-2-6。

表4-2-6 拓展训练

时间段	退回类型	常见原因	包裹处理方式	正向物流费用	关税

思政园地

试点扩围 跨境电商迎来新机遇

行业观察

跨境电商发展激活外贸"新动能"

协作创新

中国—东盟大学生跨境电商创业有活力

任务三 海外仓

一、工作场景描述

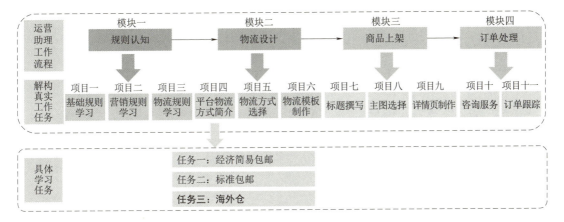

根据跨境电商运营助理岗位的工作流程,将课程分为四个模块,并解构工作内容,设计十一个项目和对应的学习任务。本任务为模块二"物流设计"项目四"平台物流方式简介"中的第三个任务——"海外仓",将用2学时完成。

二、任务描述

要想提升店铺物流效率,海外仓是个不错的选择。在核算物流成本过程中,需要明确海外仓的收费情况,运营助理需要提前学习海外仓相关内容。速卖通平台菜鸟官方海外仓首页见图4-3-1。

图4-3-1 速卖通平台菜鸟官方海外仓首页

本次任务需要完成海外仓相关知识的学习。

三、 任务目标及重难点

通过本次任务，你应达到以下目标。

知识目标	1. 了解海外仓的基本内容； 2. 了解菜鸟官方海外仓
能力目标	1. 能够根据实际情况选择适当的海外仓； 2. 能够进行海外仓备货
素质目标	培养学生的创造精神和工匠精神，增强规则意识
学习重点	掌握菜鸟官方海外仓的相关内容
学习难点	能够根据实际情况选择适当的海外仓

 四、 相关知识点

1. 菜鸟官方海外仓

菜鸟官方海外仓服务是阿里巴巴集团旗下全球速卖通及菜鸟网络联合海外优势仓储资源及本地配送资源，共同推出的速卖通官方配套物流服务，专为速卖通商家打造的提供海外仓储管理、仓发、本地配送、物流纠纷处理、售后赔付的"一站式"物流解决方案。相比于传统的跨境直邮模式，菜鸟官方海外仓离海外消费者更近、时效更快、仓内服务更有保障，能够显著提升消费者购物体验和商家的品牌好感度。

菜鸟官方海外仓的特点：

①流量大：官方海外仓仓发商品享受×日达、打标，拥有搜索流量加权倾斜及海外仓营销专场招商资格，获得更多平台流量曝光，提升店铺铺动销。

②配送快：采用当地优势资源，任意官方海外仓均可物流覆盖欧洲25个国家，官方海外仓所在国3日达，泛欧7日达（工作日），美国3~7日达，以色列3日达。

③服务优：仓内服务库存准确率99.5%；入库时效<48小时，出库时效<24小时；异常解决<24小时；自动发货交易订单自动流转，拣货、打包、发货统统替商家搞定；物流免责，仓发订单因物流原因导致的纠纷、DSR低不计入卖家账号考核；菜鸟赔付，入库后因物流原因导致的货物问题或纠纷退款，由菜鸟赔付（赔付规则以合同为准）。

目前菜鸟官方海外仓布局在西班牙、法国、比利时、波兰、捷克、英国、德国、意大利、美国、以色列、墨西哥（见表4-3-1）。只要商家的消费者在西班牙、法国、波兰、德国、比利时、葡萄牙、卢森堡、斯洛伐克、捷克、匈牙利、奥地利、荷兰、丹麦、英国、爱尔兰、意大利、斯洛文尼亚、芬兰、拉脱维亚、立陶宛、瑞典、保加利亚、爱沙尼亚、希腊、罗马尼亚等欧洲国家和美国、以色列、墨西哥，就可以使用菜鸟官方海外仓服务。

表 4-3-1 菜鸟官方海外仓布局

设立地区	覆盖范围	设立地区	覆盖范围
美西·加州	美国全境	比利时·列日	欧盟 24 国
美东·新泽西	美国全境	捷克·布拉格	欧盟 24 国
墨西哥·墨西哥城	墨西哥全境	法国·巴黎	欧盟 24 国
英国·路腾	英国全境	意大利·罗马	欧盟 24 国
德国·不莱梅	欧盟 24 国	西班牙·马德里	欧盟 15 国
波兰·斯武比采	欧盟 24 国	以色列·特拉维夫	以色列全境

2. 商家备货规范

（1）货品包装

1）备货到海外仓，商家需要事先为每件货物自备物流包装，禁止透明包装、有颜色图片包装甚至无包装的货品（见图 4-3-2）。

图 4-3-2　自备物流包装示例

2）货品物流包装要封好口（见图 4-3-3）。

图 4-3-3　物流包装封口示例

3）根据货品特性，做好包装内的货品保护。易碎品，如灯具、玻璃制品、电子屏幕等，需要有适当的填充材料进行防护（见图 4-3-4）。

图 4-3-4　货品保护示例

4）货品包装不能太小，不能小于 15 cm×10 cm，否则面单无法粘贴或者粘贴后无法扫描导致产生尾程派送额外费用。如因货品包装不当引起的损坏，商家需承担相应的责任。

（2）粘贴货品标签

1）为了保证货物能正确分拣，每个包裹和单品上都应有唯一的条码（见图4-3-5）。

2）打印后请检查标签信息的完整性和清晰度，请确保可以被扫描枪识别。

3）在贴SKU条码时，将条码贴到最大面的边角处。

*货品标签样例

*打印的条码纸尺寸建议是75 mm×25 mm热敏不干胶条码纸。打印机建议用斑马LP2844条码打印机

图4-3-5 条码示例

（3）货品装箱

1）选择坚固、不易变形的纸箱（体积变化将会导致头程运费增加，且可能无法保证产品在国际长途运输中的安全）。

2）尽量保证一箱一个SKU，原则上只允许尾箱混装SKU，一箱最多允许装5个SKU。

3）在装箱时当多个SKU装一个箱时必须做好货物的分类包装，同一SKU的产品用塑料袋或纸盒做分类包装（见图4-3-6），否则一箱一个SKU，不接受混装。

4）单个箱子重量不得超过30 kg。

图4-3-6 货物分类包装示例

（4）粘贴唛头标签

1）选用A4纸打印。

2）对于易损品、特殊物品，粘贴易碎、向上等标识（见图4-3-7）。

3）粘贴唛头标签最好贴在箱子侧面的左上角，以便码托盘时能够看到唛头标签。

图4-3-7

（5）外包装要求

使用整体抗压强度高的纸箱包装才能够确保货物的运输要求，勿用重复使用过几次已变形、破裂的纸箱，勿用包裹袋包装（见图4-3-8）。

图 4-3-8 外包装示例

（6）封箱

封箱胶带不得遮盖住唛头标签信息，造成无法辨识（见图 4-3-9）。

图 4-3-9 封箱

（7）海运柜不允许散装，须打好托盘

西班牙仓海运托盘要求：托盘 120 cm × 80 cm，高度不能超过 180 cm。

五、任务实施

1. 课前预习

海外仓简介（见图 4-3-10）。

图 4-3-10 海外仓简介界面

2. 课中练习

任务清单一　制作菜鸟海外仓入驻订购备货流程图

任务清单二　海外仓知识考察

问题1：什么是海外仓？
_____
_____

问题2：菜鸟官方仓的特点有哪些？
_____
_____

问题3：菜鸟官方仓备货要求有哪些？
_____
_____

问题4：标准类目行业的海外仓需求与优势有哪些？
_____
_____

3. 课后巩固

请小组阅读讨论海外仓案例（https：//sell. aliexpress. com/zh/_ pc/fastshipping_anlifenxiang. htm？spm = 5261. ams_ 101270. layer－pt41nc. 12. 77467e36A6YnUw），分析海外仓的优势劣势，并请每小组展示。

 六、任务评价

1. 小组内评价（见表4－3－2）

表4－3－2　小组内评价

组员1姓名		学号		
评价指标	评价要点		分值	得分
参与态度	积极主动交流		30	
	能提出个人见解		40	
	互相尊重		30	
组员1组内评价得分				
组员2姓名		学号		
评价指标	评价要点		分值	得分
参与态度	积极主动交流		30	
	能提出个人见解		40	
	互相尊重		30	
组员2组内评价得分				

续表

组员 3 姓名		学号		
评价指标	评价要点		分值	得分
参与态度	积极主动交流		30	
	能提出个人见解		40	
	互相尊重		30	
组员 3 组内评价得分				

组员 4 姓名		学号		
评价指标	评价要点		分值	得分
参与态度	积极主动交流		30	
	能提出个人见解		40	
	互相尊重		30	
组员 4 组内评价得分				

2. 小组间评价（见表 4-3-3）

表 4-3-3　小组间评价

小组编号			
评价指标	评价要点	分值	得分
展示效果	声音洪亮	10	
	表达清晰	30	
任务完成质量	信息搜索完整	30	
	操作准确	30	
小组得分			

3. 教师评价（见表 4-3-4）

表 4-3-4　教师评价

评价维度	评价指标	评价权重	评价要点	分值	得分
知识 40%	单项知识掌握度	课程预习	学习资料的预习情况	10	
		基本知识	掌握课程知识内容	10	
		作业提交	作业提交情况	20	
能力 40%	学习成果	信息搜集（20 分）	完整性：能够完成任务清单的所有内容	5	
			准确性：能够准确搜集海外仓信息	10	
			规范性：能够按照任务要求规范分析	5	

续表

评价维度	评价指标	评价权重		评价要点	分值	得分
能力40%	学习成果	海外仓信息（10分）	完整性	能够完成任务清单的所有内容	3	
			准确性	能够准确搜集海外仓信息	3	
			功能性	能够充分利用平台提示完成任务	4	
		具体操作（10分）	完整性	能够完成任务清单的所有内容	3	
			准确性	能够准确填写信息	3	
			高效性	能够按照时间进度完成任务	4	
素质20%	工匠素养	有操守：政治意识与诚信守法			3	
		有情怀：家国情怀与文化传承			3	
		关注跨境电商领域，勇于创新			3	
		细心：严谨认真，积极参与课堂活动			2	
		恒心：自主学习，勇于克服困难			2	
		精心：精益求精			2	
		责任心：服从组织调配和管理，敢于担当			2	
	劳动素养	吃苦耐劳，与时俱进			3	
		任务三合计得分				

 七、任务拓展

1. 个人反思（见表4-3-5）

表4-3-5 个人反思

姓名		学号		组号	
评价指标	评价内容			分值	分数评定
信息检索	能有效利用网络平台查找与海外仓相关的规则等；能将查到的信息有效地传递到学习中			10	
感知课堂生活	熟悉海外仓的内容，认同工作价值；在学习中能获得满足感			10	
参与态度	积极主动与教师、同学交流，相互尊重、理解、平等；与教师、同学之间能够保持多向、丰富、适宜的信息交流			10	
	能处理好合作学习和独立思考的关系，做到有效学习；能提出有意义的问题或能发表个人见解			10	

续表

评价指标	评价内容	分值	分数评定
知识获得	能说出海外仓的基本内容	10	
	能区分菜鸟官方海外仓的优势	10	
	能根据实际情况选择适当的海外仓	10	
	能进行海外仓备货	10	
思维态度	能发现问题、提出问题、分析问题、解决问题、创新问题	10	
自评反馈	按时按质完成任务；较好地掌握了知识点；具有较强的信息分析能力和理解能力；具有较为全面严谨的思维能力并能条理清楚地表达成文	10	
自评分数			
有益的经验和做法			
总结反馈建议			

2. 小组优化

以小组为单位，对已完成的任务进行总结并优化。

3. 拓展训练

以小组为单位，自学海外仓头程内容（https：//campaign.aliexpress.com/wow/gcp/ae/channel/ae/accelerate/tupr？wh_weex=true&_immersiveMode=true&wx_navbar_hidden=true&wx_navbar_transparent=true&ignoreNavigationBar=true&wx_statusbar_hidden=true&wh_pid=transpot/mfc4rbkx67），完成以下问题。

海外仓头程包含的环节有：_____

思政园地

疫情影响下跨境
电商飞速发展
成稳外贸重要力量

行业观察

跨境电商蓬勃发展，
第三方跨境支付
规模破万亿

协作创新

全国大学生"三创赛"
跨境电商实战赛道
综合赛首次举行

项目五 物流方式选择

任务一 常见国家物流费用对比

一、工作场景描述

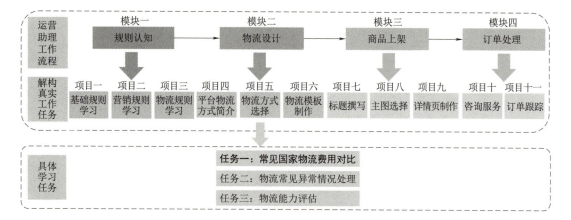

根据跨境电商运营助理岗位的工作流程,将课程分为四个模块,并解构工作内容,设计十一个项目和对应的学习任务。本任务为模块二"物流设计"项目五"物流方式选择"中的第一个任务——"常见国家物流费用对比",将用 2 学时完成。

二、任务描述

在产品上架之前,运营助理需要进行成本核算,其中物流成本尤其重要,不同的目标国家,适合的物流方式有所不同,对应的成本也不同,因此需要提前对各个目标国家的物流情况进行熟悉,对大概的物流费用进行对比,有取舍地选择适合的目标国家,从而进行成本核算。

本次任务需要完成常见国家的物流情况分析及费用对比。

三、任务目标及重难点

通过本次任务,你应达到以下目标。

知识目标	1. 了解俄罗斯物流现状; 2. 了解法国物流现状
能力目标	1. 能够区分不同国家的物流情况; 2. 能够根据国家特色选择适合的物流方式
素质目标	培养学生的创造精神和工匠精神,增强规则意识

续表

学习重点	掌握不同国家的物流现状
学习难点	能够根据国家特色选择适合的物流方式

四、相关知识点

1. 俄罗斯物流现状

俄罗斯偏远地区商业快递送不到,还是以俄邮为主。俄邮仍是最大的服务提供商,但是整体自由物流渠道曝光已经超过俄邮,同时自提服务已经成为消费者仅次于邮局收货的第二大网购形式。俄罗斯速卖通的买家一般在30～60天可收到货物,且提供合并发货功能,不含电的商品可以一起发货。

(1) 自提服务情况

1) 全俄罗斯于2019年年底已上线7 000多自提点,目前还在递增中;

2) 自提点优先覆盖10万人口以上城市,向周围铺开,和俄罗斯邮政竞争;

3) 与俄罗斯最大快递公司DPD达成末端配送合作;

4) 与俄罗斯最大连锁超市品牌X5达成末端配送合作。

(2) 自提服务流程

1) 买家选择无忧标准商品下单;

2) 选择self pick‐up服务;

3) 选择距离最近的自提点;

4) 支付完成,如果是第一次使用需要补充护照等信息;

5) 物流到达自提柜后,派送员将包裹放入自提柜中,物流商会触发SMS短信和邮件给收货人,提供给收货人提取码(一串数字)、自提柜地址、工作时间等信息,收货人在自提柜输入提取码,可收取自己的包裹;

6) 货物到自提柜后,物流详情将会显示"自提点签收成功",最终用户取走包裹后,物流会显示"用户签收成功"。

2. 法国物流现状

法国物流市场的用户画像见图5-1-1。

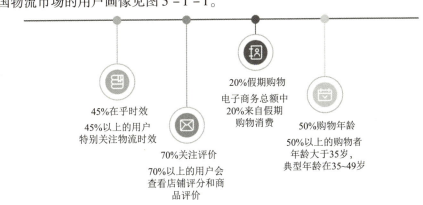

图5-1-1 法国物流市场的用户画像

(1) 法国铁路和公路情况

1) 法国目前是欧洲工业和物流项目最多的国家之一，根据 Mordor Intelligence 的预测，法国物流市场在 2020—2025 年的复合增长率为 4.5%；

2) 多年以来，法国政府十分注重对各种运输方式的投资，这体现在价值 191 亿欧元的公路和铁路项目上；

3) 目前，法国政府的重心在改善各地交通设施上，以提高物流运输效率。

(2) 法国物流竞争

1) 在竞争方面，法国的物流行业处于高度分散的状态，没有一个垄断性的巨头出现；

2) 由于电子商务市场的不断扩大和物流基础设施的不断完善，法国物流市场还在不停涌入新的竞争者；

3) 目前市面上比较受欢迎的物流公司有 DB Schenker、UPS、DHL、FedEx 和 XPO Logistics 等。

(3) 法国客户物流偏好

1) 42% 的法国线上消费者喜欢配送点自提；

2) 25% 的消费者喜欢日间送货上门，无须本人签收的邮箱投递占比 19%；

3) 14% 的客户选择其他物流配送方式。

3. 西班牙物流现状

西班牙的物流体验持续升级，跨境直发物流目前已经落地新增 5 个，自提网络 2 000 多个，10 日达妥投率有 65%，无忧标准物流可以做到 10 日达，合单发货 15 日达，经济类物流成本减低 20%。本地仓发货的商家服务升级，上线贵品保险服务，计划供应链产品推出使用，本对本 3 日达妥投率占 90%，主流中两端（500 g ~20 kg）尾程成本比市场低 5%。

菜鸟平台针对西班牙市场的一站式物流解决方案见表 5 – 1 – 1。

表 5 – 1 – 1 菜鸟平台针对西班牙市场的一站式物流解决方案

物流方案		时效	建议商品	备货入仓/快递发货可享前台打标及流量/补贴权益	设包邮享前台打标获取流量
本地海外仓发货	海外仓—官方	3 天	250 g 以上，25 美元以上	3 日达	Free shipping 设置包邮即打标
	海外仓—三方	5 天		5 日达 备货官方仓直接打标，备货第三方仓且签约承诺达特定类目享受 × 日达 GMV 返佣（只针对 ESKA 卖家）	
跨境发货	优选仓	7 ~10 天	5 kg 以下，8 美元以上，浅爆品/新品	10 日 备货优选仓直接打标	
	无忧标准	10 ~12 天	8 美元以上	10 日 72 小时上网打标、自动打标（8 个类目先行，其余类目暂时需要报名签约）	
	无忧简易	12 ~15 天	2 ~8 美元	合单 15 日	
	经济平邮	20 ~40 天	2 美元以下		

4. 巴西物流现状

在巴西，所有国家邮政投递都是通过巴西邮政 Correios 完成的，它是一家自 17 世纪以来一直运营巴西国家邮政服务的国有公司。在跨境平台购物时，巴西消费者可以选择使用邮政服务或者快递服务，但是由于价格因素，他们通常会选择邮政服务。

巴西市场面对的物流难题：

1）在巴西，国际包裹如果使用邮政服务，将被征收 60% 的进口税。但是根据巴西法律，价值高达 50 美元的包裹通常不征税；

2）对于快递服务，包裹的进口税是 120%；

3）即使产品的报关金额低于 100 美元，海关检查员也可以决定对产品收取费用；

4）邮政速递自 2008 年开始对包裹处理收取 15 雷亚尔的费用，该费用针对所有国际包裹，快递服务不受此费用限制。

 五、 任务实施

1. 课前预习

其他国家物流现状。

2. 课中练习

任务清单一　不同国家适合哪种物流方式

问题 1：俄罗斯适合的物流方式有哪些？

_____
_____
_____

问题 2：法国适合的物流方式有哪些？

_____
_____
_____

问题 3：西班牙适合的物流方式有哪些？

_____
_____
_____

问题 4：巴西适合的物流方式有哪些？

_____
_____
_____

任务清单二　查找物流运费

现有普货商品250 g重,以菜鸟无忧标准为例,在速卖通平台找到俄罗斯、法国、西班牙、巴西四个国家的物流费用。

运达国家/地区	运达国家/地区(英文)	Code	150~300 g(含)	
			配送服务费/(元/kg) *每1 g计重	挂号服务费/(元/包裹)
俄罗斯				
法国				
西班牙				
巴西				

任务清单三　不同国家物流费用对比

请根据《无忧物流和线上发货运费报价——20230117生效》表格,以菜鸟无忧标准物流为例,进行物流费用对比,将升序排列后的表格上传到学习平台,并截图。

[截图]

无忧物流和线上发货运费报价——20230117生效

3. 课后巩固

以小组为单位,对《无忧物流和线上发货运费报价——20230117生效》表格进行整理,以简易物流为例,核算物流成本,并请每小组展示。

六、任务评价

1. 小组内评价(见表5-1-2)

表5-1-2　小组内评价

组员1姓名		学号		
评价指标	评价要点		分值	得分
参与态度	积极主动交流		30	
	能提出个人见解		40	
	互相尊重		30	
组员1组内评价得分				

续表

组员 2 姓名		学号			
评价指标	评价要点			分值	得分
参与态度	积极主动交流			30	
	能提出个人见解			40	
	互相尊重			30	
组员 2 组内评价得分					

组员 3 姓名		学号			
评价指标	评价要点			分值	得分
参与态度	积极主动交流			30	
	能提出个人见解			40	
	互相尊重			30	
组员 3 组内评价得分					

组员 4 姓名		学号			
评价指标	评价要点			分值	得分
参与态度	积极主动交流			30	
	能提出个人见解			40	
	互相尊重			30	
组员 4 组内评价得分					

2. 小组间评价（见表 5－1－3）

表 5－1－3　小组间评价

小组编号			
评价指标	评价要点	分值	得分
展示效果	声音洪亮	10	
	表达清晰	30	
任务完成质量	信息搜索完整	30	
	操作准确	30	
小组得分			

3. 教师评价（见表 5－1－4）

表 5－1－4　教师评价

评价维度	评价指标	评价权重	评价要点	分值	得分
知识 40%	单项知识掌握度	课程预习	学习资料的预习情况	10	
		基本知识	掌握课程知识内容	10	
		作业提交	作业提交情况	20	

续表

评价维度	评价指标	评价权重	评价要点	分值	得分
能力40%	学习成果	信息搜集（20分）	完整性：能够完成任务清单的所有内容	5	
			准确性：能够准确搜集产品信息	10	
			规范性：能够按照任务要求规范分析	5	
		物流信息（10分）	完整性：能够完成任务清单的所有内容	3	
			准确性：能够准确搜集物流信息	3	
			功能性：能够充分利用平台提示完成任务	4	
		物流费用（10分）	完整性：能够完成任务所有步骤	3	
			准确性：能够准确填写信息	3	
			高效性：能够按照时间进度完成任务	4	
素质20%	工匠素养		有操守：政治意识与诚信守法	3	
			有情怀：家国情怀与文化传承	3	
			关注跨境电商领域，勇于创新	3	
			细心：严谨认真，积极参与课堂活动	2	
			恒心：自主学习，勇于克服困难	2	
			精心：精益求精	2	
			责任心：服从组织调配和管理，敢于担当	2	
	劳动素养		吃苦耐劳，与时俱进	3	
			任务一合计得分		

 七、任务拓展

1. 个人反思（见表 5-1-5）

表 5-1-5 个人反思

姓名		学号		组号	
评价指标	评价内容			分值	分数评定
信息检索	能有效利用网络平台查找与各国物流相关的规则等；能将查到的信息有效地传递到学习中			10	
感知课堂生活	熟悉各国物流情况，认同工作价值；在学习中能获得满足感			10	
参与态度	积极主动与教师、同学交流，相互尊重、理解、平等；与教师、同学之间能够保持多向、丰富、适宜的信息交流			10	
	能处理好合作学习和独立思考的关系，做到有效学习；能提出有意义的问题或能发表个人见解			10	

续表

评价指标	评价内容	分值	分数评定
知识获得	能说出俄罗斯物流现状	10	
	能说出法国物流现状	10	
	能区分不同国家的物流情况	10	
	能根据国家特色选择适合的物流方式	10	
思维态度	能发现问题、提出问题、分析问题、解决问题、创新问题	10	
自评反馈	按时按质完成任务；较好地掌握了知识点；具有较强的信息分析能力和理解能力；具有较为全面严谨的思维能力并能条理清楚地表达成文	10	
自评分数			
有益的经验和做法			
总结反馈建议			

2. 小组优化

以小组为单位，对已完成的任务进行复盘优化。

3. 拓展训练

以小组为单位进行选品，假设目标国家，以菜鸟无忧标准为例，核算物流成本。

思政园地
关于进一步深化跨境贸易便利化改革优化口岸营商环境的通知

行业观察
跨境电商四大物流模式比拼

协作创新
2020年及以后的十大物流行业趋势与创新

任务二 物流常见异常情况处理

一、工作场景描述

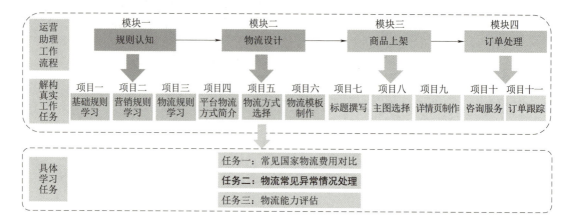

根据跨境电商运营助理岗位的工作流程,将课程分为四个模块,并解构工作内容,设计十一个项目和对应的学习任务。本任务为模块二"物流设计"项目五"物流方式选择"中的第二个任务——"物流常见异常情况处理",将用2学时完成。

二、任务描述

物流常见异常订单包含种类较多,不同的物流异常情况的处理方式有所不同。运营助理首先需要对常见的异常物流情况进行了解和区分,然后才能有针对性地解决物流异常问题(见图5-2-1)。

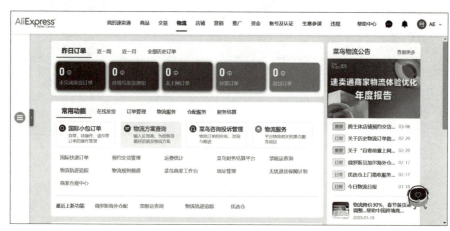

图5-2-1 物流方案查询界面

本次任务需要完成物流异常订单的处理工作。

三、任务目标及重难点

通过本次任务,你应达到以下目标。

知识目标	1. 掌握常见的物流订单类型; 2. 了解物流订单查询入口
能力目标	1. 能够清楚几种异常物流订单的解决方法; 2. 能够根据实际情况处理异常物流订单
素质目标	培养学生的创造精神和工匠精神,增强规则意识
学习重点	掌握物流订单的查询入口
学习难点	能够根据实际情况处理异常物流订单

 四、相关知识点

1. 物流订单类型

以国际小包订单为例,常见的物流订单类型有正常状态订单、可操作订单、异常状态和退货状态,其中异常状态和退货状态是本任务中应该掌握的类型(见图 5-2-2)。

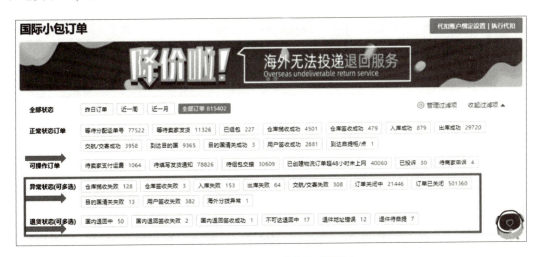

图 5-2-2 国际小包订单界面

2. 如何查看物流异常订单

步骤:商家后台—物流—物流中心—异常订单—国际小包订单—今日物流日报(见图 5-2-3~图 5-2-6)。

图 5-2-3　查看物流异常订单 1

图 5-2-4　查询物流异常订单 2

图 5-2-5　查询物流异常订单 3

图 5-2-6　查询物流异常订单 4

3. 几种异常物流订单的解决方法

（1）仓库揽收失败

商家选择仓库上门揽收的时候，仓库发现商家不在或者包裹破损的情况，建议商家重新打包，再次联系揽收司机；如果是商家选择自己寄包裹给首公里分拨的时候，首公里发现包裹破损或者不是这个首公里仓接收的包裹，建议首公里逆向退回，订单转为国内退回状态，商家重新发货。

（2）入库失败/出库失败/交航/交寄失败

查看订单详情，如果最终无法出运，且非禁运品，包裹将被退回，建议商家提前和买家沟通，看是否需要补发。

1）情景一见图 5-2-7，建议商家查看原因，核实后正确操作，如果退回则将变成"国内退回中"。

> 物流订单号
>
> ✕ 出库失败
>
> 物流详情
>
> 异常原因:违禁品:毒性物质（毒品、食品、药品、活体）-由于您的包裹内物含违禁品，无法入库成功，将根据规则罚没或销毁。

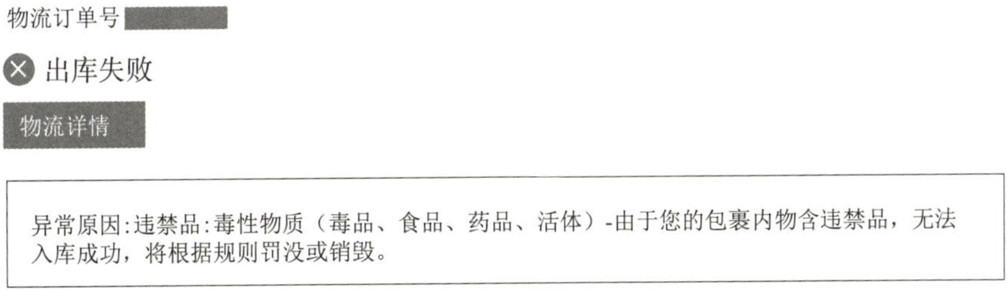

图 5-2-7　出库失败情景一

2）情景二见图 5-2-8，建议商家查看原因，核实后正确操作，如果退回则将变成"国内退回中"。建议商家以包裹最终状态为准，如果正常出运，则会变成正常状态，如果需要退回，则状态会变成"国内退回中"，商家即可根据情况及时重新发货。

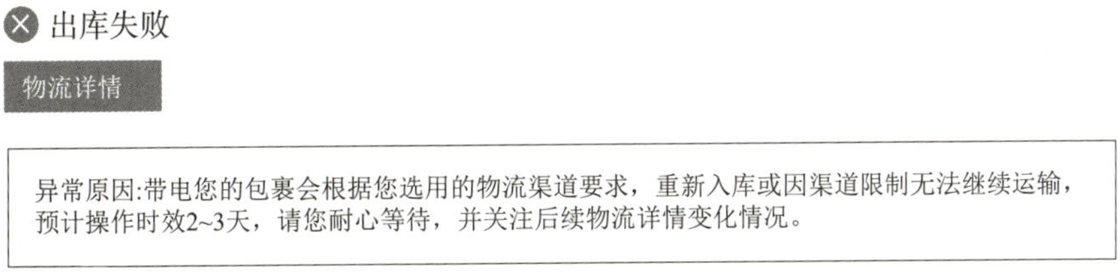

> ✕ 出库失败
>
> 物流详情
>
> 异常原因:带电您的包裹会根据您选用的物流渠道要求，重新入库或因渠道限制无法继续运输，预计操作时效2~3天，请您耐心等待，并关注后续物流详情变化情况。

图 5-2-8　出库失败情景二

(2)订单关闭中

如果没有发货,需要尽快安排发货,超过7个工作日无上网信息的物流订单将被关闭。如果商家预估该包裹在发到仓库时将超时,建议取消订单,重新创建物流订单再发货。如果已经发货,48小时上网时间后,联系对应的物流商和菜鸟客服咨询入库情况。如果是快递揽收,需要注意预留好时间。

(3)订单已关闭

如果还未发货,需要尽快安排发货;如果已发货,包裹会安排退回,如果有现货,商家即可选择重新创建物流订单,及时发货。

(4)国内退回中

常见场景有物流订单关闭、包裹破损、尺寸超长、禁限运品类限制等。商家需要先确认退回的原因,避免该情况发生,等待包裹退回,如果有现货可立即重新发货(见图5-2-9)。

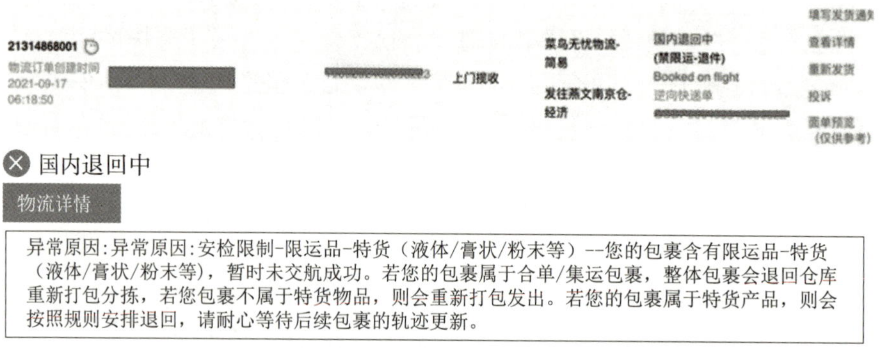

图5-2-9 国内退回中

(5)退件待自提(见图5-2-10)

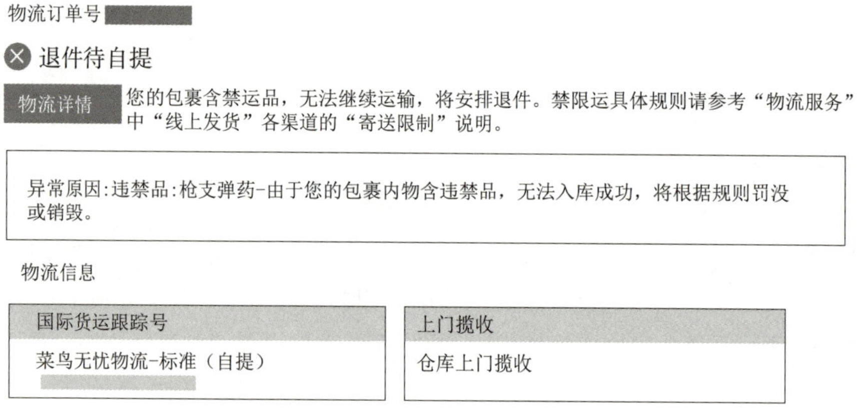

图5-2-10 退件待自提

关注订单消息提醒,部分禁运品需要自提,30天后销毁。

(6)国内退回签收失败

商家查询单号,联系派送快递,确认包裹状态并确认退回地址填写是否正确,如果不正确需要及时修改。

五、任务实施

1. 课前预习

物流轨迹追踪（见图 5-2-11）。

图 5-2-11　物流轨迹跟踪界面

2. 课中练习

任务清单一　物流订单常见类型

问题 1：在哪里查询订单状态？

_____

_____

问题 2：常见的物流订单类型有哪些？

_____

_____

任务清单二　物流订单查询入口

［截图］

任务清单三　常见几种物流异常情况的处理方法

异常情况	可能的场景	处理方法
仓库揽收失败		
入库失败		
订单关闭中		
订单已关闭		
国内退回中		

3. 课后巩固

请每小组展示查询订单状态的入口以及异常订单的处理方法。

六、任务评价

1. 小组内评价（见表 5–2–1）

表 5–2–1　小组内评价

组员 1 姓名		学号		
评价指标	评价要点		分值	得分
参与态度	积极主动交流		30	
	能提出个人见解		40	
	互相尊重		30	
组员 1 组内评价得分				
组员 2 姓名		学号		
评价指标	评价要点		分值	得分
参与态度	积极主动交流		30	
	能提出个人见解		40	
	互相尊重		30	
组员 2 组内评价得分				

续表

组员 3 姓名		学号		
评价指标	评价要点		分值	得分
参与态度	积极主动交流		30	
	能提出个人见解		40	
	互相尊重		30	
组员 3 组内评价得分				
组员 4 姓名		学号		
评价指标	评价要点		分值	得分
参与态度	积极主动交流		30	
	能提出个人见解		40	
	互相尊重		30	
组员 4 组内评价得分				

2. 小组间评价（见表 5-2-2）

表 5-2-2　小组间评价

小组编号			
评价指标	评价要点	分值	得分
展示效果	声音洪亮	10	
	表达清晰	30	
任务完成质量	信息搜索完整	30	
	操作准确	30	
小组得分			

3. 教师评价（见表 5-2-3）

表 5-2-3　教师评价

评价维度	评价指标	评价权重	评价要点	分值	得分
知识40%	单项知识掌握度	课程预习	学习资料的预习情况	10	
		基本知识	掌握课程知识内容	10	
		作业提交	作业提交情况	20	
能力40%	学习成果	信息搜集（20分）	完整性：能够完成任务清单的所有内容	5	
			准确性：能够准确搜集产品信息	10	
			规范性：能够按照任务要求规范分析	5	

续表

评价维度	评价指标	评价权重	评价要点	分值	得分
能力40%	学习成果	订单信息（10分）	完整性：能够完成任务清单的所有内容	3	
			准确性：能够准确搜集订单异常信息	3	
			功能性：能够充分利用平台提示完成任务	4	
		查询操作（10分）	完整性：能够完成产品上架所有步骤	3	
			准确性：能够准确填写信息	3	
			高效性：能够按照时间进度完成任务	4	
素质20%	工匠素养		有操守：政治意识与诚信守法	3	
			有情怀：家国情怀与文化传承	3	
			关注跨境电商领域，勇于创新	3	
			细心：严谨认真，积极参与课堂活动	2	
			恒心：自主学习，勇于克服困难	2	
			精心：精益求精	2	
			责任心：服从组织调配和管理，敢于担当	2	
	劳动素养		吃苦耐劳，与时俱进	3	
任务二合计得分					

 七、任务拓展

1. 个人反思（见表 5-2-4）

表 5-2-4　个人反思

姓名		学号		组号	
评价指标	评价内容			分值	分数评定
信息检索	能有效利用网络平台查找与异常物流订单相关的规则等；能将查到的信息有效地传递到学习中			10	
感知课堂生活	熟悉异常订单查询的大概流程，认同工作价值；在学习中能获得满足感			10	
参与态度	积极主动与教师、同学交流，相互尊重、理解、平等；与教师、同学之间能够保持多向、丰富、适宜的信息交流			10	
	能处理好合作学习和独立思考的关系，做到有效学习；能提出有意义的问题或能发表个人见解			10	

续表

评价指标	评价内容	分值	分数评定
知识获得	能说出常见的物流订单类型	10	
	能找到物流订单查询入口	10	
	能清楚几种异常物流订单的解决方法	10	
	能根据实际情况处理异常物流订单	10	
思维态度	能发现问题、提出问题、分析问题、解决问题、创新问题	10	
自评反馈	按时按质完成任务；较好地掌握了知识点；具有较强的信息分析能力和理解能力；具有较为全面严谨的思维能力并能条理清楚地表达成文	10	
自评分数			
有益的经验和做法			
总结反馈建议			

2. 小组优化

以小组为单位，对物流订单异常所有情况的解决方案进行归纳整理并优化。

3. 拓展训练

以小组为单位，根据选品情况，判断可能出现的物流异常情况并进行讨论。

思政园地　　　　　**行业观察**　　　　　**协作创新**

国家发改委：2022 将从五个方面"着力"打造国际一流营商环境　　中国跨境电商物流 30 强榜单出炉　　国务院办公厅关于进一步支持大学生创新创业的指导意见

任务三 物流能力评估

一、工作场景描述

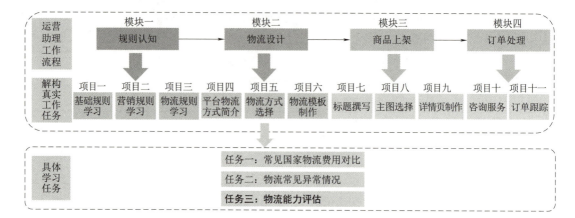

根据跨境电商运营助理岗位的工作流程，将课程分为四个模块，并解构工作内容，设计十一个项目和对应的学习任务。本任务为模块二"物流设计"项目五"物流方式选择"中的第三个任务——"物流能力评估"，将用2学时完成。

二、任务描述

在明确了目标国家的物流情况以及物流成本的情况下，运营助理需要对店铺的物流能力进行评估，尤其是根据产品特色选择适合的物流方式，平台可以帮助商家进行物流方案的对比与选择（见图5-3-1）。

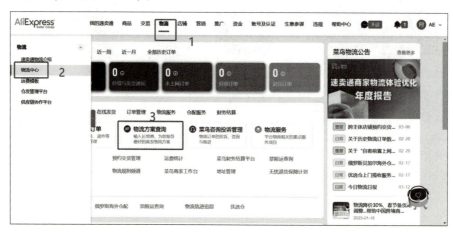

图5-3-1 物流方案查询界面

本次任务需要完成店铺物流能力的评估。

三、任务目标及重难点

通过本次任务，你应达到以下目标。

知识目标	1. 掌握平台货物的类型； 2. 掌握普通货物的概念
能力目标	1. 能够找到物流资费文件； 2. 能够根据货物情况评估店铺物流能力
素质目标	培养学生的创造精神和工匠精神，增强规则意识
学习重点	掌握平台货物的类型
学习难点	能够评估店铺物流能力

 ## 四、相关知识点

1. 平台货物类型（见图5－3－2）

普通货物：所有不属于产品的航空运输限制，不属于目的地海关进口限制的产品，属于普通货物。

带电货物：又进一步分为内电和纯电，内电是指一般的带电产品，纯电是指充电宝、电池等。

特殊货物：目的地海关限制进口的产品，如空运限制、电池、液体、仿牌、易燃、危险化学品、气体、管制刀具，以及物流公司不能当作常规物品运输的产品。

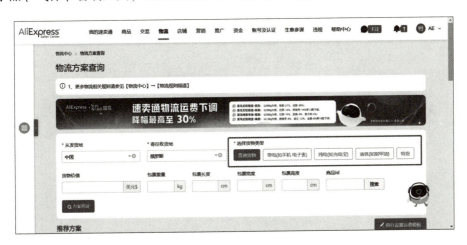

图5－3－2　平台货物类型

2. 平台运费报价

速卖通平台现在给出较为完整的运费报价。以2023年1月17日生效的物流发货运费报价为例，文档中包含经济类物流、简易类物流、标准类物流和优先类物流四大物流等级，有20条物流线路可以选择，具体查询路径见图5－3－3。

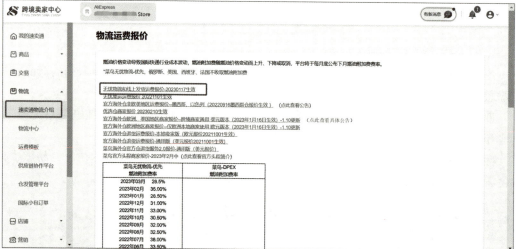

图 5-3-3 物流运费报价查询

五、任务实施

无忧物流和线上发货运费报价——20230117 生效

1. 课前预习

《无忧物流和线上发货运费报价——20230117 生效》。

2. 课中练习

任务清单一　物流方案查询

步骤 1：找到物流方案查询界面并截图。

[截图]

步骤 2：输入发货地、收货地，选择物流类型、货物价值、包裹重量、包裹长度、包裹宽度、包裹高度等信息并截图。

[截图]

步骤 3：推荐方案截图。

[截图]

任务清单二　整理运费报价表格

将《无忧物流和线上发货运费报价——20230117 生效》中各种类型的物流成本进行升序排列，留下重点信息，为运费模板的制定做准备。整理后将文件上传学习平台，并选取其中一部分截图。

[截图]

任务清单三　计算运费

现有一个玩具产品收货地为俄罗斯，货物价值 20 美元，包裹重量 260 g，包裹长 30 cm、宽 25 cm、高 5 cm，请问采用菜鸟无忧标准物流，运费为多少？时效天数是多少？

如果改用 EMS 寄出，运费是多少？时效天数是多少？

3. 课后巩固

请根据小组的选品情况，分别计算运费，并请每小组展示。

六、任务评价

1. 小组内评价（见表5-3-1）

表5-3-1 小组内评价

组员1姓名		学号		
评价指标	评价要点		分值	得分
参与态度	积极主动交流		30	
	能提出个人见解		40	
	互相尊重		30	
组员1组内评价得分				
组员2姓名		学号		
评价指标	评价要点		分值	得分
参与态度	积极主动交流		30	
	能提出个人见解		40	
	互相尊重		30	
组员2组内评价得分				
组员3姓名		学号		
评价指标	评价要点		分值	得分
参与态度	积极主动交流		30	
	能提出个人见解		40	
	互相尊重		30	
组员3组内评价得分				
组员4姓名		学号		
评价指标	评价要点		分值	得分
参与态度	积极主动交流		30	
	能提出个人见解		40	
	互相尊重		30	
组员4组内评价得分				

2. 小组间评价（见表 5-3-2）

表 5-3-2 小组间评价

小组编号			
评价指标	评价要点	分值	得分
展示效果	声音洪亮	10	
	表达清晰	30	
任务完成质量	信息搜索完整	30	
	操作准确	30	
小组得分			

3. 教师评价（见表 5-3-3）

表 5-3-3 教师评价

评价维度	评价指标	评价权重	评价要点	分值	得分
知识 40%	单项知识掌握度	课程预习	学习资料的预习情况	10	
		基本知识	掌握课程知识内容	10	
		作业提交	作业提交情况	20	
能力 40%	学习成果	信息搜集（20 分）	完整性：能够完成任务清单的所有内容	5	
			准确性：能够准确搜集产品信息	10	
			规范性：能够按照任务要求规范分析	5	
		物流水平（10 分）	完整性：能够完成任务清单的所有内容	3	
			准确性：能够准确搜集物流信息	3	
			功能性：能够充分利用平台提示完成任务	4	
		物流评估（10 分）	完整性：能够完成物流评估的所有步骤	3	
			准确性：能够准确填写信息	3	
			高效性：能够按照时间进度完成任务	4	
素质 20%	工匠素养	有操守：政治意识与诚信守法		3	
		有情怀：家国情怀与文化传承		3	
		关注跨境电商领域，勇于创新		3	
		细心：严谨认真，积极参与课堂活动		2	
		恒心：自主学习，勇于克服困难		2	
		精心：精益求精		2	
		责任心：服从组织调配和管理，敢于担当		2	
	劳动素养	吃苦耐劳，与时俱进		3	
任务三合计得分					

七、任务拓展

1. 个人反思（见表 5-3-4）

表 5-3-4 个人反思

姓名		学号		组号	
评价指标	评价内容			分值	分数评定
信息检索	能有效利用网络平台查找与物流相关的规则等；能将查到的信息有效地传递到学习中			10	
感知课堂生活	熟悉物流水平评估的流程，认同工作价值；在学习中能获得满足感			10	
参与态度	积极主动与教师、同学交流，相互尊重、理解、平等；与教师、同学之间能够保持多向、丰富、适宜的信息交流			10	
	能处理好合作学习和独立思考的关系，做到有效学习；能提出有意义的问题或能发表个人见解			10	
知识获得	能说出平台货物的类型			10	
	能说出普通货物的概念			10	
	能找到物流资费文件			10	
	能根据货物情况评估店铺物流能力			10	
思维态度	能发现问题、提出问题、分析问题、解决问题、创新问题			10	
自评反馈	按时按质完成任务；较好地掌握了知识点；具有较强的信息分析能力和理解能力；具有较为全面严谨的思维能力并能条理清楚地表达成文			10	
自评分数					
有益的经验和做法					
总结反馈建议					

2. 小组优化

以小组为单位，对已完成的任务进行复盘及优化。

3. 拓展训练

以小组为单位，根据组内选品情况，选择适合的物流方案，并进行展示。

思政园地

营商环境持续优化
（奋进新征程　建功新时代·伟大变革）

行业观察

化解跨境电商渠道的
"卡脖子"风险（开放谈）

协作创新

大学生创业服务网

项目六　物流模板制作

任务一　低运费模板制作

一、工作场景描述

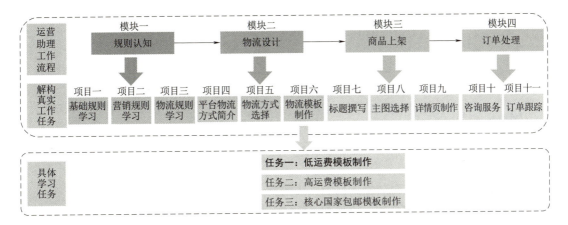

根据跨境电商运营助理岗位的工作流程,将课程分为四个模块,并解构工作内容,设计十一个项目和对应的学习任务。本任务为模块二"物流设计"项目六"物流模板制作"中的第一个任务——"低运费模板制作",将用2学时完成。

二、任务描述

设置运费模板是核算产品价格的重要步骤,也是店铺运营的基础,跨境电商运营助理需要针对目标国家制作合适的运费模板(见图6-1-1)。

图6-1-1　运费模板界面

本次任务需要完成低运费模板的制作。

 三、任务目标及重难点

通过本次任务，你应达到以下目标。

知识目标	1. 了解平台四类物流特色； 2. 掌握标准类物流的特色
能力目标	1. 能够设计运费模板逻辑； 2. 能够设置低运费模板
素质目标	培养学生的创造精神和工匠精神，增强规则意识
学习重点	掌握平台四类物流的特色
学习难点	能够设置低运费模板

 四、相关知识点

1. 平台四类物流的特色

（1）经济类物流

经济类物流运费低、时效慢，目的国无物流信息，适合5美元以下商品，包含三个渠道，分别是菜鸟超级经济全球、菜鸟专线经济、菜鸟超级经济。

（2）简易类物流

简易类物流包括菜鸟无忧物流－简易和菜鸟特货专线－简易，比经济类物流快，比标准类物流慢，可查询包裹追踪信息，只能线上发货。

（3）标准类物流

标准类物流是最常见的物流方式，运费适中，时效适中，比经济类物流和简易类物流快，适合大于5美元的产品，线路比较多，包括中东专线等。菜鸟无忧物流－标准的线路是平台最核心的线路，比较优质，在算运费成本的时候可以用无忧物流－标准，全程信息可查。

（4）快速类物流

快速类物流是指商业快递，运费比较贵，但是时效快，可以实现3~5天到达欧美，包括 DHL UPS 等渠道。其他三类都是速卖通线上渠道，是自己的渠道；快速类物流是线下渠道，可以自己去找代理，比较适合高货值的商品，整个服务比较完善。

（5）其他类线路

其他类线路是指可以在线下找到的也能发到国外的物流渠道。需要判断类目是否为特殊类目，如果不是特殊类目，无法享用这个服务。比如大件、定制类的商品，可以走其他类线路。

2. 运费模板设置逻辑

运费模板最好是以包邮＋付费渠道相结合的方式展现在商家面前，例如将经济类、简易类、标准类和快速类一起展示给商家，让其选择。

商家需要确定一个运费标准，才能给商品定价，可以以重点目标国家为例。

买家页面见图6-1-2，一部分为包邮选择，一部分为付费选择，买家可以根据自己的实际情况进行选择，有助于提升产品的点击率和转化率。

图6-1-2 买家页面

3. 设置运费模板的三种情况

（1）标准运费

所有该线路可到达地区按照固定报价计算，商品运费计算如涉及无忧标准大包计费，暂无法识别，不建议使用标准运费。

（2）卖家承担

卖家承担即卖家包邮，如果选择"所有该线路可到达的地区"，则该线路可到达的地区全部包邮，包含后续该线路新增的可到达的地区。

（3）自定义运费

按不同区域设置邮费（见图6-1-3）。

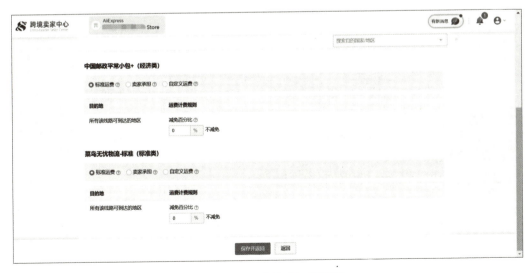

图6-1-3 自定义运费界面

五、任务实施

1. 课前预习

《无忧物流和线上发货运费报价——20230117 生效》。

2. 课中练习

无忧物流和线上发货运费
报价——20230117 生效

任务清单一　平台四类物流的特点

物流类型	特点	适合产品
经济类		
简易类		
标准类		
快速类		

任务清单二　处理运费报价

首先获得《无忧物流和线上发货运费报价——20230117 生效》，处理表格，找到基准国家，计算运费，进行升序排序。

注意：此处货物均为小包，即重量低于 2 kg，若重量高于 2 kg，或单边长度高于 60 cm，或长＋宽＋高大于 90 cm 的，都算大包。

［第一步截图］

［第二步截图］

［第三步截图］

任务清单三　制作低运费物流模板

请根据《无忧物流和线上发货运费报价——20230117 生效》制作低运费模板，并将处理过程记录下来，上传到学习平台。

3. 课后巩固

请每个小组展示低运费模板的制作过程。

六、任务评价

1. 小组内评价（见表6-1-1）

表6-1-1　小组内评价

组员1姓名		学号		
评价指标	评价要点		分值	得分
参与态度	积极主动交流		30	
	能提出个人见解		40	
	互相尊重		30	
组员1组内评价得分				
组员2姓名		学号		
评价指标	评价要点		分值	得分
参与态度	积极主动交流		30	
	能提出个人见解		40	
	互相尊重		30	
组员2组内评价得分				
组员3姓名		学号		
评价指标	评价要点		分值	得分
参与态度	积极主动交流		30	
	能提出个人见解		40	
	互相尊重		30	
组员3组内评价得分				
组员4姓名		学号		
评价指标	评价要点		分值	得分
参与态度	积极主动交流		30	
	能提出个人见解		40	
	互相尊重		30	
组员4组内评价得分				

2. 小组间评价（见表6-1-2）

表6-1-2　小组间评价

小组编号			
评价指标	评价要点	分值	得分
展示效果	声音洪亮	10	
	表达清晰	30	
任务完成质量	信息搜索完整	30	
	操作准确	30	
小组得分			

3. 教师评价（见表 6-1-3）

表 6-1-3　教师评价

评价维度	评价指标	评价权重	评价要点	分值	得分
知识 40%	单项知识掌握度	课程预习	学习资料的预习情况	10	
		基本知识	掌握课程知识内容	10	
		作业提交	作业提交情况	20	
能力 40%	学习成果	信息搜集（20 分）	完整性：能够完成任务清单的所有内容	5	
			准确性：能够准确搜集物流信息	10	
			规范性：能够按照任务要求规范分析	5	
		运费信息（10 分）	完整性：能够完成任务清单的所有内容	3	
			准确性：能够准确搜集运费信息	3	
			功能性：能够充分利用平台提示完成任务	4	
		设置模板（10 分）	完整性：能够完成设置模板的所有步骤	3	
			准确性：能够准确填写信息	3	
			高效性：能够按照时间进度完成任务	4	
素质 20%	工匠素养		有操守：政治意识与诚信守法	3	
			有情怀：家国情怀与文化传承	3	
			关注跨境电商领域，勇于创新	3	
			细心：严谨认真，积极参与课堂活动	2	
			恒心：自主学习，勇于克服困难	2	
			精心：精益求精	2	
			责任心：服从组织调配和管理，敢于担当	2	
	劳动素养		吃苦耐劳，与时俱进	3	
			任务一合计得分		

七、任务拓展

1. 个人反思（见表 6-1-4）

表 6-1-4　个人反思

姓名		学号		组号	
评价指标	评价内容			分值	分数评定
信息检索	能有效利用网络平台查找与运费模板相关的规则等；能将查到的信息有效地传递到学习中			10	
感知课堂生活	熟悉设置运费模板的流程，认同工作价值；在学习中能获得满足感			10	

续表

评价指标	评价内容	分值	分数评定
参与态度	积极主动与教师、同学交流，相互尊重、理解、平等；与教师、同学之间能够保持多向、丰富、适宜的信息交流	10	
	能处理好合作学习和独立思考的关系，做到有效学习；能提出有意义的问题或能发表个人见解	10	
知识获得	能说出平台四类物流的特色	10	
	能区分标准类物流的特色	10	
	能设计运费模板逻辑	10	
	能优化低运费模板	10	
思维态度	能发现问题、提出问题、分析问题、解决问题、创新问题	10	
自评反馈	按时按质完成任务；较好地掌握了知识点；具有较强的信息分析能力和理解能力；具有较为全面严谨的思维能力并能条理清楚地表达成文	10	
自评分数			
有益的经验和做法			
总结反馈建议			

2. 小组优化

以小组为单位，对已完成的低运费模板进行优化。

3. 拓展训练

以小组为单位，变换目标国家，设计低运费模板，并与之前的模板进行对比，说出不同及设置理由，并进行展示。

思政园地　　　　　　行业观察　　　　　　协作创新

从两个方面重点推进跨境电商发展　　　"提升跨境贸易便利化水平　持续优化口岸营商环境"主题在线访谈　　　中国青年创业发展报告（2021）

任务二　高运费模板制作

一、工作场景描述

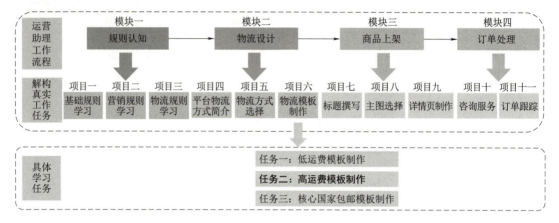

根据跨境电商运营助理岗位的工作流程，将课程分为四个模块，并解构工作内容，设计十一个项目和对应的学习任务。本任务为模块二"物流设计"项目六"物流模板制作"中的第二个任务——"高运费模板制作"，将用2学时完成。

二、任务描述

设置运费模板是核算产品价格的重要步骤，也是店铺运营的基础，跨境电商运营助理需要针对目标国家制作合适的运费模板（见图6-2-1）。

图6-2-1　运费模板界面

本次任务需要完成高运费模板的制作。

三、任务目标及重难点

通过本次任务，你应达到以下目标。

知识目标	1. 掌握定价表的所有内容； 2. 掌握减免率的计算方法
能力目标	1. 能够处理物流运费定价表； 2. 能够制作高运费模板
素质目标	培养学生的创造精神和工匠精神，增强规则意识
学习重点	掌握处理物流运费定价表和减免率的计算方法
学习难点	能够制作高运费模板

四、相关知识点

1. 物流运费定价表的所有内容

物流运费定价表包含速卖通平台所有的物流线路（见图 6－2－2）。

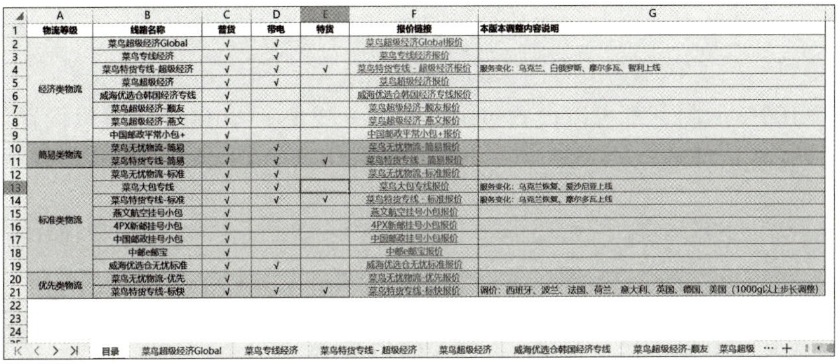

物流等级	线路名称	普货	带电	特货	报价链接	本版本调整内容说明
经济类物流	菜鸟超级经济Global	√	√		菜鸟超级经济Global报价	
	菜鸟专线经济	√	√		菜鸟专线经济报价	
	菜鸟特货专线-超级经济	√	√	√	菜鸟特货专线－超级经济报价	服务变化：乌克兰、白俄罗斯、摩尔多瓦、智利上线
	菜鸟超级经济	√	√		菜鸟超级经济报价	
	威海优选仓韩国经济专线	√			威海优选仓韩国经济专线报价	
	菜鸟超级经济-顺友	√			菜鸟超级经济-顺友报价	
	菜鸟超级经济-燕文	√			菜鸟超级经济-燕文报价	
	中国邮政平常小包+	√			中国邮政平常小包+报价	
简易类物流	菜鸟无忧物流-简易	√	√		菜鸟无忧物流-简易报价	
	菜鸟特货专线-简易	√	√	√	菜鸟特货专线－简易报价	
标准类物流	菜鸟无忧物流-标准	√	√		菜鸟无忧物流-标准报价	
	菜鸟大包专线	√	√		菜鸟大包专线报价	服务变化：乌克兰恢复、爱沙尼亚上线
	菜鸟特货专线-标准	√	√	√	菜鸟特货专线－标准报价	服务变化：乌克兰恢复、摩尔多瓦上线
	燕文航空挂号小包	√			燕文航空挂号小包报价	
	4PX新邮挂号小包	√			4PX新邮挂号小包报价	
	中国邮政挂号小包	√			中国邮政挂号小包报价	
	中邮e邮宝	√			中邮e邮宝报价	
	威海优选仓无忧标准	√	√		威海优选仓无忧标准报价	
优先类物流	菜鸟无忧物流-优先	√			菜鸟无忧物流-优先报价	
	菜鸟特货专线-标快	√	√	√	菜鸟特货专线-标快报价	调价：西班牙、波兰、法国、荷兰、意大利、英国、德国、美国（1000g以上步长调整）

目录　菜鸟超级经济Global　菜鸟专线经济　菜鸟特货专线－超级经济　菜鸟超级经济　威海优选仓韩国经济专线　菜鸟超级经济-顺友　菜鸟超级

图 6－2－2　物流运费定价表

以菜鸟无忧物流－标准为例，从其报价单可以看到上门揽收城市、配送范围和计费方式等（见图 6－2－3）。

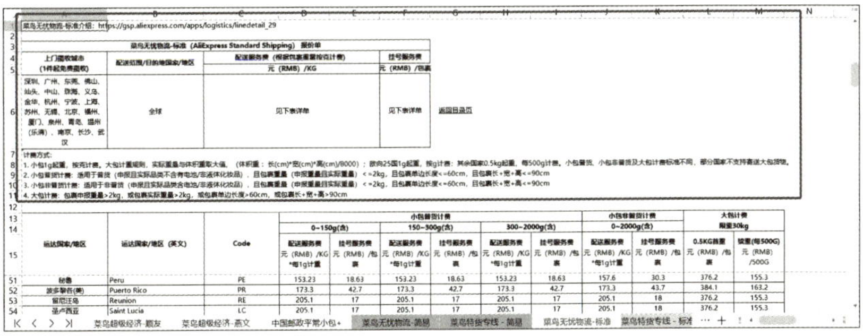

菜鸟无忧物流-标准介绍：https://gsp.aliexpress.com/apps/logistics/linedetail_29

菜鸟无忧物流-标准（AliExpress Standard Shipping）报价单			
上门揽收城市（1件起免费揽收）	配送范围/目的地国家/地区	配送服务费（根据包裹重量按克计费）元（RMB）/KG	挂号服务费 元（RMB）/包裹
深圳、广州、东莞、佛山、汕头、中山、珠海、义乌、金华、杭州、宁波、上海、苏州、无锡、北京、福州、厦门、泉州、青岛、温州（乐清）、南京、长沙、武汉	全球	见下表详单	见下表详单

返回目录页

计费方式：
1. 小包1g起重，按克计费。大包计重规则，实际重量与体积重取大值，（体积重：长(cm)*宽(cm)*高(cm)/8000）；欧向25国1g起重，按g计费：其余国家0.5kg起重，每500g计费。小包普货、小包非普货及大包计费标准不同，部分国家不支持寄送大包货物。
2. 小包普货计费：适用于普货（申报且实际品类不含有电池/非液体化妆品），且包裹重量（申报重量且实际重量）<=2kg，且包裹单边长度<=60cm，且包裹长+宽+高<=90cm
3. 小包非普货计费：适用于非普货（申报且实际品类含电池/非液体化妆品），且包裹重量（申报重量且实际重量）<=2kg，且包裹单边长度<=60cm，且包裹长+宽+高<=90cm
4. 大包计费：包裹申报重量>2kg，或包裹实际重量>2kg，或包裹单边长度>60cm，或包裹长+宽+高>90cm

运达国家/地区	运达国家/地区（英文）	Code	小包普货计费 0~150g(含) 配送服务费 元（RMB）/KG *每1g计重	小包普货计费 0~150g(含) 挂号服务费 元（RMB）/包裹	小包普货计费 150~300g(含) 配送服务费 元（RMB）/KG *每1g计重	小包普货计费 150~300g(含) 挂号服务费 元（RMB）/包裹	小包普货计费 300~2000g(含) 配送服务费 元（RMB）/KG *每1g计重	小包普货计费 300~2000g(含) 挂号服务费 元（RMB）/包裹	小包非普货计费 0~2000g(含) 配送服务费 元（RMB）/KG *每1g计重	小包非普货计费 0~2000g(含) 挂号服务费 元（RMB）/包裹	大包计费 限重30kg 0.5KG首重 元（RMB）/包裹	大包计费 限重30kg 续重(每500G) 元（RMB）/500G
秘鲁	Peru	PE	153.23	18.63	153.23	18.63	153.23	18.63	157.6	30.3	376.2	155.3
波多黎各(美)	Puerto Rico	PR	173.3	42.7	173.3	42.7	173.3	42.7	173.3	43.7	384.1	163.2
留尼汪岛	Reunion	RE	205.1	17	205.1	17	205.1	17	205.1	18	376.2	155.3
圣卢西亚	Saint Lucia	LC	205.1	17	205.1	17	205.1	17	205.1	18	376.2	155.3

菜鸟超级经济-顺友　菜鸟超级经济-燕文　中国邮政平常小包+　菜鸟无忧物流-简易　菜鸟特货专线－简易　菜鸟无忧物流-标准　菜鸟特货专线－标准

图 6－2－3　菜鸟无忧物流－标准报价单

表格的下半部分就是不同国家具体的配送服务费和挂号服务费，包含了小包普货、小包非普货以及大包的不同计费方式，其中小包还按照重量进行区分（见图6-2-4）。

图6-2-4　不同计费方式

2. 物流减免率的计算公式

1）明确店铺商品重量，计算对应重量的运费。

$$对应重量的运费 = 配送服务费 \times 商品重量$$

$$最终运费 = 对应重量的运费 + 挂号服务费$$

2）将最终运费按照升序进行排序，找到参考国家，给商品定价。

$$减免率 = 参考国家的最终运费 / 最终运费所在列 \times 100\%$$

其中，最终运费所在列为所有国家的最终运费。

减免率>100%的国家都可以设置包邮，90%<减免率<100%也可以设置包邮，其他区间即可对应设置运费减免率。

 五、任务实施

1. 课前预习

《无忧物流和线上发货运费报价——20230117生效》。

2. 课中练习

无忧物流和线上发货运费报价——20230117生效

任务清单一　处理物流运费定价表

假设店铺目标国家为美国，产品为普货、小包，重量在280 g左右，请处理物流运费定价表，将处理后的文件上传学习平台，处理后的文档截图。

［截图］

任务清单二　计算物流减免率

问题：如何计算物流减免率？

任务清单三 制作高运费模板

请根据《无忧物流和线上发货运费报价——20230117 生效》制作高运费模板,并将处理过程记录下来,上传到学习平台。

3. 课后巩固

请每个小组展示高运费模板的制作过程。

六、任务评价

1. 小组内评价(见表 6-2-1)

表 6-2-1 小组内评价

组员 1 姓名		学号		
评价指标	评价要点		分值	得分
参与态度	积极主动交流		30	
	能提出个人见解		40	
	互相尊重		30	
组员 1 组内评价得分				
组员 2 姓名		学号		
评价指标	评价要点		分值	得分
参与态度	积极主动交流		30	
	能提出个人见解		40	
	互相尊重		30	
组员 2 组内评价得分				
组员 3 姓名		学号		
评价指标	评价要点		分值	得分
参与态度	积极主动交流		30	
	能提出个人见解		40	
	互相尊重		30	
组员 3 组内评价得分				
组员 4 姓名		学号		
评价指标	评价要点		分值	得分
参与态度	积极主动交流		30	
	能提出个人见解		40	
	互相尊重		30	
组员 4 组内评价得分				

2. 小组间评价（见表6-2-2）

表6-2-2　小组间评价

小组编号			
评价指标	评价要点	分值	得分
展示效果	声音洪亮	10	
	表达清晰	30	
任务完成质量	信息搜索完整	30	
	操作准确	30	
	小组得分		

3. 教师评价（见表6-2-3）

表6-2-3　教师评价

评价维度	评价指标	评价权重	评价要点	分值	得分
知识40%	单项知识掌握度	课程预习	学习资料的预习情况	10	
		基本知识	掌握课程知识内容	10	
		作业提交	作业提交情况	20	
能力40%	学习成果	信息搜集（20分）	完整性：能够完成任务清单的所有内容	5	
			准确性：能够准确搜集物流模板信息	10	
			规范性：能够按照任务要求规范分析	5	
		物流模板信息（10分）	完整性：能够完成任务清单的所有内容	3	
			准确性：能够准确搜集物流模板信息	3	
			功能性：能够充分利用平台提示完成任务	4	
		模板制作（10分）	完整性：能够完成制作物流模板的所有步骤	3	
			准确性：能够准确填写信息	3	
			高效性：能够按照时间进度完成任务	4	
素质20%	工匠素养		有操守：政治意识与诚信守法	3	
			有情怀：家国情怀与文化传承	3	
			关注跨境电商领域，勇于创新	3	
			细心：严谨认真，积极参与课堂活动	2	
			恒心：自主学习，勇于克服困难	2	
			精心：精益求精	2	
			责任心：服从组织调配和管理，敢于担当	2	
	劳动素养		吃苦耐劳，与时俱进	3	
			任务二合计得分		

七、任务拓展

1. 个人反思（见表6–2–4）

表6–2–4　个人反思

姓名		学号		组号	
评价指标	评价内容			分值	分数评定
信息检索	能有效利用网络平台查找与物流模板相关的规则等；能将查到的信息有效地传递到学习中			10	
感知课堂生活	熟悉商品上架的流程，认同工作价值；在学习中能获得满足感			10	
参与态度	积极主动与教师、同学交流，相互尊重、理解、平等；与教师、同学之间能够保持多向、丰富、适宜的信息交流			10	
	能处理好合作学习和独立思考的关系，做到有效学习；能提出有意义的问题或能发表个人见解			10	
知识获得	能说出定价表的所有内容			10	
	能说出减免率的计算方法			10	
	能处理物流运费定价表			10	
	能优化高运费模板			10	
思维态度	能发现问题、提出问题、分析问题、解决问题、创新问题			10	
自评反馈	按时按质完成任务；较好地掌握了知识点；具有较强的信息分析能力和理解能力；具有较为全面严谨的思维能力并能条理清楚地表达成文			10	
自评分数					
有益的经验和做法					
总结反馈建议					

2. 小组优化

以小组为单位，对已完成的高运费模板进行优化。

3. 拓展训练

以小组为单位，根据小组选品情况，选择另外一种产品，重新制作高运费模板。

思政园地

交通运输部　国家发展改革委
关于深化道路运输价格改革的意见

行业观察

跨境电商蓬勃发展

协作创新

饿了么–大学生创业

任务三 核心国家包邮模板制作

一、工作场景描述

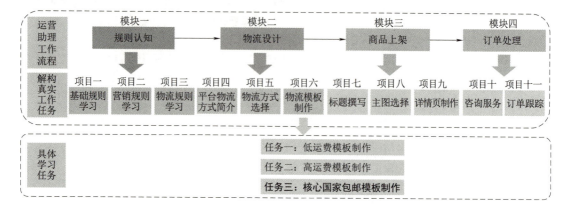

根据跨境电商运营助理岗位的工作流程,将课程分为四个模块,并解构工作内容,设计十一个项目和对应的学习任务。本任务为模块二"物流设计"项目六"物流模板制作"中的第三个任务——"核心国家包邮模板制作",将用2学时完成。

二、任务描述

运营助理已经完成了低运费模板和高运费模板的制作,现在需要以经济简易类物流为例,制作核心国家包邮模板。

本次任务需要完成核心国家包邮模板的制作。

三、任务目标及重难点

通过本次任务,你应达到以下目标。

知识目标	1. 掌握包邮的技巧; 2. 掌握经济简易类物流的设置方法
能力目标	1. 能够根据定价表设置经济简易类包邮模板; 2. 能够根据定价表优化设置核心国家包邮模板
素质目标	培养学生的创造精神和工匠精神,增强规则意识
学习重点	掌握经济简易类物流的设置方法
学习难点	能够根据定价表优化设置核心国家包邮模板

四、相关知识点

设置包邮的技巧:
1)满包邮:订单满足×元或者×件,消费者享受包邮。
2)应该结合市场合理定价及市场竞品设置物流模板。

五、任务实施

1. 课前预习

经济简易物流资费。

2. 课中练习

任务清单一　经济简易包邮第一步：国家物流费用排序

找到经济简易物流定价表并截图。

［截图］

对物流费用进行排序并截图。

［截图］

任务清单二　经济简易包邮第二步：计算每个国家需要增加的费用

计算每个国家需要增加运费的方法。

［计算后的截图］

任务清单三　经济简易包邮第三步：后台设置运费模板

请将后台设置运费模板界面截图。

［操作步骤 1 截图］

［操作步骤 2 截图］

［操作步骤 3 截图］

［操作步骤 4 截图］

任务清单四　经济简易包邮第四步：设置核心国家包邮模板

请将后台设置国家包邮模板界面截图。

［操作步骤 1 截图］

［操作步骤 2 截图］

［操作步骤 3 截图］

［操作步骤 4 截图］

请将最后的定价文档上传到学习平台。

3. 课后巩固

请每个小组展示物流模板的设置过程。

六、任务评价

1. 小组内评价（见表 6-3-1）

表 6-3-1　小组内评价

组员 1 姓名		学号		
评价指标	评价要点		分值	得分
参与态度	积极主动交流		30	
	能提出个人见解		40	
	互相尊重		30	
组员 1 组内评价得分				

续表

组员 2 姓名		学号		
评价指标	评价要点		分值	得分
参与态度	积极主动交流		30	
	能提出个人见解		40	
	互相尊重		30	
组员 2 组内评价得分				
组员 3 姓名		学号		
评价指标	评价要点		分值	得分
参与态度	积极主动交流		30	
	能提出个人见解		40	
	互相尊重		30	
组员 3 组内评价得分				
组员 4 姓名		学号		
评价指标	评价要点		分值	得分
参与态度	积极主动交流		30	
	能提出个人见解		40	
	互相尊重		30	
组员 4 组内评价得分				

2. 小组间评价（见表 6-3-2）

表 6-3-2　小组间评价

小组编号			
评价指标	评价要点	分值	得分
展示效果	声音洪亮	10	
	表达清晰	30	
任务完成质量	信息搜索完整	30	
	操作准确	30	
小组得分			

3. 教师评价（见表 6-3-3）

表 6-3-3　教师评价

评价维度	评价指标	评价权重	评价要点	分值	得分
知识 40%	单项知识掌握度	课程预习	学习资料的预习情况	10	
		基本知识	掌握课程知识内容	10	
		作业提交	作业提交情况	20	

续表

评价维度	评价指标	评价权重	评价要点	分值	得分
能力40%	学习成果	信息搜集（20分）	完整性：能够完成任务清单的所有内容	5	
			准确性：能够准确搜集物流模板信息	10	
			规范性：能够按照任务要求规范分析	5	
		物流模板（10分）	完整性：能够完成任务清单的所有内容	3	
			准确性：能够准确搜集物流模板信息	3	
			功能性：能够充分利用平台提示完成任务	4	
		设置模板（10分）	完整性：能够完成设置模板的所有步骤	3	
			准确性：能够准确填写信息	3	
			高效性：能够按照时间进度完成任务	4	
素质20%	工匠素养		有操守：政治意识与诚信守法	3	
			有情怀：家国情怀与文化传承	3	
			关注跨境电商领域，勇于创新	3	
			细心：严谨认真，积极参与课堂活动	2	
			恒心：自主学习，勇于克服困难	2	
			精心：精益求精	2	
			责任心：服从组织调配和管理，敢于担当	2	
	劳动素养		吃苦耐劳，与时俱进	3	
			任务三合计得分		

七、任务拓展

1. 个人反思（见表6-3-4）

表6-3-4　个人反思

姓名		学号		组号	
评价指标	评价内容			分值	分数评定
信息检索	能有效利用网络平台查找与国家物流模板设置相关的规则等；能将查到的信息有效地传递到学习中			10	
感知课堂生活	熟悉设置物流模板的流程，认同工作价值；在学习中能获得满足感			10	
参与态度	积极主动与教师、同学交流，相互尊重、理解、平等；与教师、同学之间能够保持多向、丰富、适宜的信息交流			10	
	能处理好合作学习和独立思考的关系，做到有效学习；能提出有意义的问题或能发表个人见解			10	

续表

评价指标	评价内容	分值	分数评定
知识获得	能说出设置包邮的技巧	10	
	能设置包邮物流模板	10	
	能根据定价表设置经济简易类包邮模板	10	
	能优化核心国家包邮模板	10	
思维态度	能发现问题、提出问题、分析问题、解决问题、创新问题	10	
自评反馈	按时按质完成任务；较好地掌握了知识点；具有较强的信息分析能力和理解能力；具有较为全面严谨的思维能力并能条理清楚地表达成文	10	
自评分数			
有益的经验和做法			
总结反馈建议			

2. 小组优化

以小组为单位，对已完成的核心国家包邮模板进行优化。

3. 拓展训练

以小组为单位，改变物流类型，重新优化物流模板。

思政园地

国常会发话，跨境电商再迎重磅利好！

行业观察

去年中国跨境电商出口增长11.7%——拓宽"中国制造"出海通道

协作创新

亚马逊全球开店

模块三 商品上架

项目七 标题撰写

任务一 标题组合结构

一、工作场景描述

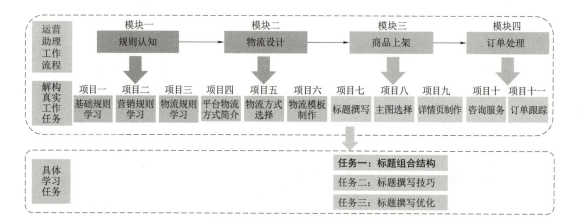

根据跨境电商运营助理岗位的工作流程,将课程分为四个模块,并解构工作内容,设计十一个项目和对应的学习任务。本任务为模块三"商品上架"项目七"标题撰写"的第一个任务——"标题组合结构",将用2学时完成。

二、任务描述

某跨境电商公司拟在速卖通平台上开设店铺,在进行了基本设置后,现阶段需要在店铺中发布商品(见图7-1-1)。店铺准备上架儿童玩具,具体商品信息请扫描二维码获取。

商品所有信息
及图片素材包
(泡泡机)

产品上架第一步见图 7-1-2。

商品发布
一般流程

图 7-1-1 发布商品界面

图 7-1-2 产品上架第一步

本次任务需要完成产品卖点的提炼并按照原则和平台规则撰写初步标题。

 三、任务目标及重难点

通过本次任务,你应达到以下目标。

知识目标	1. 掌握产品的卖点的提炼方法; 2. 掌握商品的核心词、属性词、场景词等概念
能力目标	1. 能够使用生意参谋的关键词进行筛选; 2. 能够根据平台规则,撰写标题
素质目标	培养学生的创造精神和工匠精神,增强规则意识
学习重点	掌握生意参谋关键词筛选的方法
学习难点	能够根据平台规则撰写标题

四、相关知识点

1. 分析商品核心卖点（见图 7-1-3）

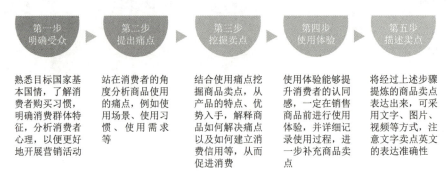

图 7-1-3　商品核心卖点

2. 关键词的概念

标题是由多个关键词组成的，根据关键词的性质不同，将其划分为核心词、修饰词、长尾词、流量词等（见图 7-1-4）。商家可利用平台数据挖掘关键词，再结合商品卖点设计相应的修饰词、长尾词等，最终形成商品标题。

图 7-1-4　关键词的划分

搜索排序规则

1）核心词：对于标题而言，核心词就是整个标题的中心，标题中所有的关键词都是从核心词延伸出来的，所以整个标题的关键词都是和核心词息息相关的。

2）修饰词：也就是属性词，是用来修饰核心词的。核心词一般会直接用商品词，比如连衣裙。而标题一般不会直接用商品词作为核心词，而会加一个属性词来组合出一个核心词，比如一字肩连衣裙。这样商品就可以尽量避开和大商家直接竞争相同大词的危险。而属性词则是核心词的修饰词，比如女、夏季、××年新款等。

3）长尾词：指商品的非目标关键词，但与目标关键词相关，可以带来搜索流量的组合型关键词。长尾关键词的特征是比较长，往往由 2~3 个词组成，甚至是短语，存在于内容页面。

4）流量词：也称营销词，能带来流量的词。这类词可放在标题最后面，因为这类词只是用来给搜索引擎"看"的，并不是给买家看的，由于这类词都是一些中词和小词，买家相对来说并不是那么关注。

利用生意参谋
筛选关键词

3. 生意参谋的使用方法

如何挖掘关键词见图 7-1-5。

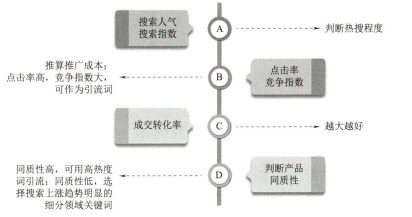

图 7-1-5 挖掘关键词

标题设置原则

4. 平台相关规则

请扫描二维码"搜索作弊案例解析与处罚规则"。

搜索作弊案例
解析与处罚规则

 五、任务实施

1. 课前预习

速卖通平台基本规则。

2. 课中练习

速卖通平台
基本规则

任务清单一 提炼商品核心卖点

姓名		学号		组号	
第一步	明确受众				
第二步	提出痛点				
第三步	挖掘卖点				
第四步	使用体验				
第五步	描述卖点				
附加	形成词云（截图）				

备注：前五步为个人任务，附加部分为小组任务，需要以小组为单位，统一商品卖点关键词，上传到学习平台并形成词云。

任务清单二　标题的组成

关键词的分类	概念	作用
核心词		
属性词		
长尾词		
流量词		

任务清单三　使用生意参谋筛选关键词

记录操作路径	
简述筛选方法	
关键词	
关键词来源	
分享筛选理由	

任务清单四　标题相关规则

主题	链接	简述规则

任务清单五　撰写商品标题

商品卖点	
关键词来源	
核心词	
属性词	
热搜词	
中文标题	
英文标题	

3. 课中测试

请扫描二维码，完成课中测试。

4. 课后巩固

请每小组展示标题撰写的过程,其他小组查漏补缺。

 六、任务评价

1. 小组内评价(见表 7–1–1)

表 7–1–1 小组内评价

组员 1 姓名		学号		
评价指标	评价要点		分值	得分
参与态度	积极主动交流		30	
	能提出个人见解		40	
	互相尊重		30	
组员 1 组内评价得分				
组员 2 姓名		学号		
评价指标	评价要点		分值	得分
参与态度	积极主动交流		30	
	能提出个人见解		40	
	互相尊重		30	
组员 2 组内评价得分				
组员 3 姓名		学号		
评价指标	评价要点		分值	得分
参与态度	积极主动交流		30	
	能提出个人见解		40	
	互相尊重		30	
组员 3 组内评价得分				
组员 4 姓名		学号		
评价指标	评价要点		分值	得分
参与态度	积极主动交流		30	
	能提出个人见解		40	
	互相尊重		30	
组员 4 组内评价得分				

2. 小组间评价（见表 7–1–2）

表 7–1–2　小组间评价

小组编号			
评价指标	评价要点	分值	得分
展示效果	声音洪亮	10	
	表达清晰	30	
任务完成质量	标题关键词完整	30	
	卖点挖掘准确	30	
小组得分			

3. 教师评价（见表 7–1–3）

表 7–1–3　教师评价

评价维度	评价指标	评价权重	评价要点	分值	得分
知识 40%	单项知识掌握度	课程预习	学习资料的预习情况	10	
		课程测试	完成学习平台的所有课程测试	10	
		基本知识	掌握课程知识内容	10	
		作业提交	作业提交情况	10	
能力 40%	学习成果	提炼卖点（20 分）	完整性：能够完成任务清单的所有内容	5	
			准确性：能够准确分析商品卖点信息	10	
			规范性：能够按照任务要求规范分析	5	
		筛选关键词（10 分）	完整性：能够完成任务清单的所有内容	3	
			准确性：能够准确区分几类关键词	3	
			功能性：能够充分利用平台数据完成任务	4	
		撰写标题（10 分）	完整性：能够包含所有关键词类型	3	
			准确性：能够准确描述商品卖点	3	
			功能性：能够结合数据并有创意、有亮点	4	
素质 20%	工匠素养		有操守：政治意识与诚信守法	3	
			有情怀：家国情怀与文化传承	3	
			关注跨境电商领域，勇于创新	3	
			细心：严谨认真，积极参与课堂活动	2	
			恒心：自主学习，勇于克服困难	2	
			精心：精益求精	2	
			责任心：服从组织调配和管理，敢于担当	2	
	劳动素养		吃苦耐劳，与时俱进	3	
任务一合计得分					

七、任务拓展

1. 课后测试

请扫描二维码,完成课后测试。

2. 个人反思(见表 7–1–4)

表 7–1–4　个人反思

姓名		学号		组号	
评价指标	评价内容			分值	分数评定
信息检索	能有效利用网络平台查找与跨境电商商品发布相关的规则等;能将查到的信息有效地传递到学习中			10	
感知课堂生活	熟悉商品上架的流程,认同工作价值;在学习中能获得满足感			10	
参与态度	积极主动与教师、同学交流,相互尊重、理解、平等;与教师、同学之间能够保持多向、丰富、适宜的信息交流			10	
	能处理好合作学习和独立思考的关系,做到有效学习;能提出有意义的问题或能发表个人见解			10	
知识获得	能说出提炼商品卖点的方法			10	
	能区分关键词的分类及其概念			10	
	能利用生意参谋筛选关键词			10	
	能撰写商品标题			10	
思维态度	能发现问题、提出问题、分析问题、解决问题、创新问题			10	
自评反馈	按时按质完成任务;较好地掌握了知识点;具有较强的信息分析能力和理解能力;具有较为全面严谨的思维能力并能条理清楚地表达成文			10	
自评分数					
有益的经验和做法					
总结反馈建议					

3. 小组优化

阅读《"95后"卖家创业故事》,进行小组讨论,完成案例分析,并派代表展示讨论结果。

"95后"卖家创业故事

问题1：大学生创业的难度有哪些？

问题2：对于新手卖家来说，经营类目的选择重要吗？为什么？

问题3：平台是否给创业者带来帮助？有哪些方面的扶持？

问题4：从案例中你获得的收获有哪些？

4. 拓展训练

请自行查阅女装、童装、汽配产品的资料包，撰写标题。

女装 T 恤	
关键词	
中文标题	
英文标题	
童装连衣裙	
关键词	
中文标题	
英文标题	
汽配产品	
关键词	
中文标题	
英文标题	

思政园地

中国茶叶"出海记"

行业观察

试点扩围 跨境电商迎来新机遇

协作创新

江西：跨境电商成为"小镇青年"创业大舞台

任务二 标题撰写技巧

 一、工作场景描述

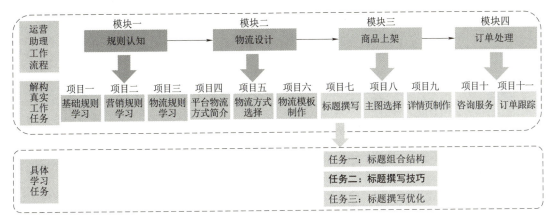

根据跨境电商运营助理岗位的工作流程,将课程分为四个模块,并解构工作内容,设计十一个项目和对应的学习任务。本任务为模块三"商品上架"项目七"标题撰写"中的第二个任务——"标题撰写技巧",将用2学时完成。

任务描述资料包

 二、任务描述

在任务一中,同学们完成了儿童玩具商品的初级标题撰写,在撰写标题过程中,不同小组使用的工具和方法都有所不同。在跨境电商运营助理岗位的真实工作场景中,需要熟练掌握标题撰写的能力,高效准确地完成商品发布,因此在本任务中,将进行标题撰写技巧学习,以提高工作效率。

选品方法

某跨境电商公司通过选品环节,筛选了部分商品准备上架,请根据二维码中的商品信息,结合所学技巧,完成优质标题的撰写(图7-2-1)。

图7-2-1 发布商品界面

图 7-2-1 发布商品界面（续）

本次任务需要完成商品优质标题的撰写。

 三、任务目标及重难点

通过本次任务，你应达到以下目标。

知识目标	1. 掌握优质标题撰写的方法； 2. 掌握标题撰写技巧及注意事项
能力目标	1. 能够根据产品特色、平台规则撰写优质标题； 2. 能够利用技巧撰写优质标题
素质目标	培养学生合规意识、创新精神等
学习重点	结合产品特色撰写优质标题
学习难点	撰写符合平台规则的优质标题

 四、相关知识点

1. 标题撰写路径

标题撰写路径：卖点挖掘—关键词挖掘—词库建立—标题撰写（见图 7-2-2）。

关键词挖掘方法

关键词挖掘方式

图 7-2-2 标题撰写路径

2. 标题撰写公式

商品标题是若干关键词的罗列，从商品卖点、买家搜索习惯、数据时效性、词语相关程度等方面筛选出的关键词，按照性质来分有核心词、属性词等，不同的关键词以及排列顺序都有可能影响商品的浏览量及转化率，因此需要不断优化。以下为标题撰写常用公式，可供参考：

标题 = 核心词1（精准）+ 属性词 + 核心词2（相似）+ 属性词 + 核心词3（热门）+ 属性词/流量词

例如，图7-2-3中商品标题可写作：Kid Dresses（精准核心词1）For Girls Sleeveless Bow Dot Pink Princess（属性词）Dress（相似核心词2）Summer Wedding Ceremony Birthday（属性词）Girls Dress（热门核心词3）Baby Girl Clothes（属性词/流量词）。

图7-2-3 商品

3. 标题撰写基本要求、技巧、常见误区及案例（见表7-2-1）

表7-2-1 标题撰写基本要求、技巧、常见误区及案例

基本要求	标题里只能有词和空格，不能出现其他特殊符号
	每个单词的首字母大写
	数量尽量用阿拉伯数字，比如用"3"而不是"Three"，单位用单词表达，而不用符号，比如表达英寸时使用"inch"而不是符号"""
	商品没有取得品牌方授权时，标题不能出现品牌词
	只写商品相关的信息，避免写无用信息
	避免单词拼写错误

技巧	属性词、热搜属性、亮点放在标题前半部分	
	同质化商品标题设置以长尾词为主	
	个性化商品标题设置以核心词引流	
	从国内货源的商品页面（标题、SKU、商品详情页图片等）中提取关键词，再进行翻译，按权重排序组合	
	在速卖通买家页面搜索关键词，矫正核心关键词是否精准	
	适当在标题中放热搜词，迎合买家搜索习惯	
	128个字符全部写满，获得更多搜索流量	
常见误区	直接按照货源标题进行翻译	
	直接按自身想法写标题	
	盗用其他竞品标题	
	堆砌关键词	
案例	 26 Inch Aluminum Alloy Bicycle Disc Brake 21/24 Speed Bike with 4.0 tire Aluminum Alloy Bicycle 为核心词； 26 Inch、21/24 Speed 为属性词； Disc Brake、4.0 tire 为营销词	

 五、任务实施

1. 课前预习

《标题堆砌的处罚规则是怎样的》。

标题堆砌的处罚规则是怎样的

2. 课中练习

任务清单一　磁力玩具积木标题撰写

姓名		学号	组号
第一步	卖点描述		
第二步	核心词备选		

续表

姓名		学号	组号
第三步	属性词备选		
第四步	流量词备选		
第五步	中文标题		
第六步	英文标题		

备注：完成以上六步后，将最终的英文标题进行公式拆分，用画线标注的形式标明词语的性质，如核心词、属性词、流量词等，本要求同样适用于下面的任务清单。

任务清单二　积木魔方标题撰写

第一步	卖点描述	
第二步	核心词备选	
第三步	属性词备选	
第四步	流量词备选	
第五步	中文标题	
第六步	英文标题	

任务清单三　电动遥控车玩具标题撰写

第一步	卖点描述	
第二步	核心词备选	
第三步	属性词备选	
第四步	流量词备选	
第五步	中文标题	
第六步	英文标题	

磁力玩具积木标题撰写资料包

积木魔方标题撰写资料包

电动遥控车玩具标题撰写

3. 课中测试

请扫描二维码，完成课中测试。

4. 课后巩固

请每小组展示标题撰写的过程，其他小组查漏补缺。

六、任务评价

1. 小组内评价（见表 7–2–2）

表 7–2–2　小组内评价

组员 1 姓名		学号			
评价指标	评价要点			分值	得分
参与态度	积极主动交流			30	
	能提出个人见解			40	
	互相尊重			30	
组员 1 组内评价得分					
组员 2 姓名		学号			
评价指标	评价要点			分值	得分
参与态度	积极主动交流			30	
	能提出个人见解			40	
	互相尊重			30	
组员 2 组内评价得分					
组员 3 姓名		学号			
评价指标	评价要点			分值	得分
参与态度	积极主动交流			30	
	能提出个人见解			40	
	互相尊重			30	
组员 3 组内评价得分					
组员 4 姓名		学号			
评价指标	评价要点			分值	得分
参与态度	积极主动交流			30	
	能提出个人见解			40	
	互相尊重			30	
组员 4 组内评价得分					

2. 小组间评价（见表7-2-3）

表7-2-3 小组间评价

小组编号			
评价指标	评价要点	分值	得分
展示效果	声音洪亮	10	
	表达清晰	30	
任务完成质量	关键词词库丰富	30	
	标准包含所有关键词类型	30	
	小组得分		

3. 教师评价（见表7-2-4）

表7-2-4 教师评价

评价维度	评价指标	评价权重	评价要点	分值	得分
知识40%	单项知识掌握度	课程预习	学习资料的预习情况	10	
		课程测试	完成学习平台的所有课程测试	10	
		基本知识	掌握课程知识内容	10	
		作业提交	作业提交情况	10	
能力40%	学习成果	标题撰写方法（20分）	完整性：能够完成任务清单的所有内容	5	
			准确性：能够准确说出标题撰写方法	10	
			规范性：能够按照任务要求规范分析	5	
		标题撰写技巧及注意事项（10分）	完整性：能够完成任务清单的所有内容	3	
			准确性：能够掌握标题撰写技巧	3	
			功能性：能够充分利用平台数据完成任务	4	
		撰写标题（10分）	完整性：能够包含所有关键词类型	3	
			准确性：能够准确撰写商品标题	3	
			高效性：能够按照时间要求完成任务	4	
素质20%	工匠素养		有操守：政治意识与诚信守法	3	
			有情怀：家国情怀与文化传承	3	
			关注跨境电商领域，勇于创新	3	
			细心：严谨认真，积极参与课堂活动	2	
			恒心：自主学习，勇于克服困难	2	
			精心：精益求精	2	
			责任心：服从组织调配和管理，敢于担当	2	
	劳动素养		吃苦耐劳，与时俱进	3	
			任务二合计得分		

七、任务拓展

1. 课后测试

请扫描二维码，完成课后测试。

2. 个人反思（见表7-2-5）

表7-2-5　个人反思

姓名		学号		组号	
评价指标	评价内容			分值	分数评定
信息检索	能有效利用网络平台查找与跨境电商商品发布相关的规则等；能将查到的信息有效地传递到学习中			10	
感知课堂生活	熟悉商品上架的流程，认同工作价值；在学习中能获得满足感			10	
参与态度	积极主动与教师、同学交流，相互尊重、理解、平等；与教师、同学之间能够保持多向、丰富、适宜的信息交流			10	
	能处理好合作学习和独立思考的关系，做到有效学习；能提出有意义的问题或能发表个人见解			10	
知识获得	能说出优质标题的撰写方法			10	
	能掌握标题撰写的技巧			10	
	能根据商品特色完成关键词的筛选			10	
	能利用技巧撰写商品优质标题			10	
思维态度	能发现问题、提出问题、分析问题、解决问题、创新问题			10	
自评反馈	按时按质完成任务；较好地掌握了知识点；具有较强的信息分析能力和理解能力；具有较为全面严谨的思维能力并能条理清楚地表达成文			10	
	自评分数				
有益的经验和做法					
总结反馈建议					

3. 小组优化

分享小组词库：关键词来源，筛选方法（见表7-2-6）。

生意参谋：选词专家

表7-2-6 玩具类目关键词库

操作方法	
操作截图	
操作结果	
词库节选	
小组讨论	
词云截图	

4. 拓展训练

利用数据表格(扫描二维码),组合商品长尾词。

长尾词的总体数量非常庞大,搜索量较小,竞争度不大,但是买家用长尾词搜索时目的性更强,需求更加精准,因此带来的转化率比较高。组合长尾词的方式较多,使用较多的一是由商品词和品牌型号组成长尾词,二是由商品词和搜索意图词组成长尾词。

女装产品信息及关键词分析

请根据所提供的数据表格,组合女装产品的长尾词。

商品词+品牌词(不少于5个)

商品词+搜索意图词(不少于10个)

思政园地

培养更多大国工匠

行业观察

跨境电商新动向——132个跨境电商综合试验区基本覆盖全国

协作创新

稳中求进丨湛江:抗疫情 拓市场 跨境电商平台助企业闯出新天地

任务三 标题撰写优化

一、工作场景描述

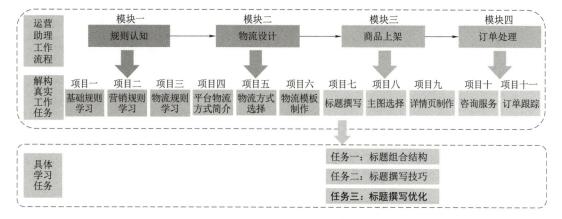

根据跨境电商运营助理岗位的工作流程，将课程分为四个模块，并解构工作内容，设计十一个项目和对应的学习任务。本任务为模块三"商品上架"项目七"标题撰写"中的第三个任务——"标题撰写优化"，将用2学时完成。

二、任务描述

商品标题优化是对商品标题进行符合规则的优化，使之能够在众多同类商品中排名靠前，增加展现量、点击量以提升转化率的过程，是提高商品排名、获取自然搜索流量的重要手段。在任务二中，同学们完成了三个玩具产品的优质标题撰写，明确了优质标题包含的内容以及标题撰写通用公式，提高了工作效率。在实际工作场景中，需要借助平台数据来验证标题的效果并持续优化标题，因此，在本任务中将进行标题撰写的优化。

平台一周的测评周期过去后，根据平台数据反馈情况，某跨境电商公司运营助理将对标题进行优化，按照商品所处的竞争状态并结合所学技巧，完成已上架商品标题的优化。具体商品信息请扫描二维码获得。

请关注平台自带标题优化提示（见图7-3-1）。

本次任务需要完成商品标题的优化。

积木魔方资料包

模块三 商品上架

图7-3-1 平台自带标题优化提示

 三、任务目标及重难点

通过本次任务，你应达到以下目标。

知识目标	1. 学会用数据效果反推标题优化； 2. 学会标题优化的方法
能力目标	1. 能够根据数据反馈效果进行标题优化； 2. 能够利用标题优化技巧完成标题的优化
素质目标	培养学生精益求精的工匠精神
学习重点	优化标题的手段
学习难点	根据数据反馈完成标题优化

 四、相关知识点

1. 数据指标含义及查询路径（见表7-3-1）

表7-3-1 数据指标含义及查询路径

指标	含义	查询路径
点击率	某个词的点击人数/曝光人数	生意参谋—市场—搜索分析
搜索点击率	商品在网站搜索结果页面曝光后被点击的次数/商品在网站搜索结果页面曝光次数	生意参谋—品类—商品排行
商品点击收藏人数	统计时间内，点击收藏按钮的去重人数	生意参谋—流量—来源分析—店铺来源
商品点击加购人数	统计时间内，点击加入购物车按钮的去重人数	生意参谋—流量—来源分析—店铺来源

·171·

续表

指标	含义	查询路径
支付转化率	支付买家数/访客数，即来访客户转化为支付买家的比例。特别说明：店铺的支付转化率＝店铺支付买家数/店铺访客数，商品的支付转化率＝商品支付买家数/商品访客数。与数据纵横对比时，注意指标的区别	首页或生意参谋—流量—流量概况—流量看板
下单转化率	下单买家数/访客数	生意参谋—流量—来源分析—店铺来源
搜索指数	统计时间内，所选类目下搜索次数的指数化指标	生意参谋—市场—市场大盘
竞争指数	某个词的竞争激烈程度的指数化	生意参谋—市场—搜索分析
搜索指数飙升幅度	搜索指数与前一个时间窗口相比的飙升幅度	生意参谋—市场—搜索分析

2. 商品所处的竞争阶段及优化策略（见表7-3-2）

表7-3-2 商品所处的竞争阶段及优化策略

竞争阶段	衡量标准	标题优化策略
爆款	点击率高于行业1.5倍以上；转化率高于行业1.5倍以上；加购收藏率高于行业	关键词选择行业内的热词、短词，剔除和自身商品不相关的属性及品牌词，选择出现点击次数最多、热搜指数最高的关键词，组合成曝光度最高的标题
日常销售款	除爆款、新品、滞销款以外的一般商品	以商品的属性词为基础进行关键词探索，从而达到较高的转化率，可以选择展现指数和点击指数较高的属性关键词
		尽可能包含多的属性相关词，让符合属性的关键词曝光度最大化，具体方法如下： 第一步，确定商品的核心属性； 第二步，通过各种关键词挖掘方法，采集相关的属性关键词，扩充词库中的属性关键词； 第三步，选出关键词词库中相关的属性关键词，选择展现指数和点击指数较高的属性关键词，组合成曝光度较高的标题
新品	对应的款式距该店铺第一次在本店铺上架时间在28天内的商品	尽可能拿到精准的搜索流量，尽量选择竞争度较小但较为精准的关键词放到标题中，比如优质的长尾词
滞销款	在某段时间内售罄、销售额排名最后的一些款式	

3. 标题优化

标题优化的思路见图 7-3-2。

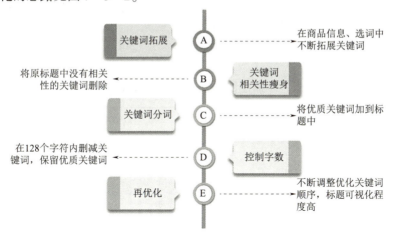

图 7-3-2　标题优化的思路

标题优化的方法见图 7-3-3。

图 7-3-3　标题优化的方法

标题优化的技巧见表 7-3-3。

表 7-3-3　标题优化的技巧

标题优化技巧	具体解释
充分利用标题的 128 个字符要求	标题过短不利于搜索覆盖，如果卖家商品是"running shoes"，标题只有"running shoes"一个核心关键词，那么买家搜索"sports shoes"时就找不到卖家商品
删除不必要的虚词	很多标题为了符合语法习惯，添加了 to、and、of、for 之类的虚词，其实撰写标题不用考虑英文语法，在可能的情况下应尽量删除这些词，并不会影响商品的搜索排名
标题要完整准确	标题中尽量包含商品的产品词、属性词，单词一定要拼写正确，否则买家无法搜索到商品
标题可视化效果	标题中关键词首字母大写，空格和"+、-、#、&"等符号都只算一个字符，用这些字符能够突出标题中的一些关键词，帮助买家快速定位，甚至可以使用"[ ]"来突出某个核心词
标题需要不断优化	买家搜索的习惯和频率可能会变化，卖家可以关注并选择流量更多的词，不断优化标题。当热门事件发生后或新产品发布之后，相应的搜索词也要第一时间去优化；当卖家商品销量上升时，一般会需要增加一些营销词；要做某种活动时，需要添加活动标题

五、任务实施

1. 课前预习

《排序规则解析》。

2. 课中练习

排序规则解析

任务清单一　数据指标含义

姓名		学号		组号	
数据指标	概念			作用	

标题优化任务范例：某手机产品的标题优化。

数据指标含义资料包

任务清单二　日常销售商品的标题优化

原始标题：
1. 逐个查找关键词的搜索人气，标出没有人气的关键词：
删除没有人气的关键词，如下：
2. 标出搜索人气比较少的词，暂时搁置：
3. 反复查看商品信息，找出关键词与商品的相关性，标出不相关的关键词：
删除不相关的关键词，如下：
4. 在商品信息中再次挖掘关键词，逐个查询是否有搜索数据，挖掘结果如下：
添加到现有标题中，如下：
5. 超过128个字符后，删除部分关键词，如果是以组合形式出现的词，可以删除后边的词，删除搜索量比较低的关键词，如下：
6. 调整关键词顺序，核心词不要相近出现，遵循标题撰写公式，检查标题撰写是否符合撰写要求，优化后的标题如下：

商品信息（女士衬衫）

任务清单三　爆品商品的标题优化

原始标题：
1. 逐个查找关键词的搜索人气，标出没有人气的关键词：
删除没有人气的关键词，如下：
2. 标出搜索人气比较少的词，暂时搁置：
3. 反复查看商品信息，找出关键词与商品的相关性，标出不相关的关键词：
删除不相关的关键词，如下：
4. 在商品信息中再次挖掘关键词，逐个查询是否有搜索数据，挖掘结果如下：
添加到现有标题中，如下：
5. 超过 128 个字符后，删除部分关键词，如果是以组合形式出现的词，可以删除后边的词，删除搜索量比较低的关键词，如下：
6. 调整关键词顺序，核心词不要相近出现，遵循标题撰写公式，检查标题撰写是否符合撰写要求，优化后的标题如下：

商品信息（手机）

任务清单四　新品/滞销品的标题优化

原始标题：
1. 逐个查找关键词的搜索人气，标出没有人气的关键词：
删除没有人气的关键词，如下：
2. 标出搜索人气比较少的词，暂时搁置：
3. 反复查看商品信息，找出关键词与商品的相关性，标出不相关的关键词：
删除不相关的关键词，如下：
4. 在商品信息中再次挖掘关键词，逐个查询是否有搜索数据，挖掘结果如下：
添加到现有标题中，如下：
5. 超过 128 个字符后，删除部分关键词，如果是以组合形式出现的词，可以删除后边的词，删除搜索量比较低的关键词，如下：
6. 调整关键词顺序，核心词不要相近出现，遵循标题撰写公式，检查标题撰写是否符合撰写要求，优化后的标题如下：

3. 课中测试
请扫描二维码,完成课中测试。

4. 课后巩固
请每个小组展示标题优化的过程,其他小组查漏补缺。

六、任务评价

1. 小组内评价（见表 7-3-4）

表 7-3-4　小组内评价

组员 1 姓名		学号		
评价指标	评价要点		分值	得分
参与态度	积极主动交流		30	
	能提出个人见解		40	
	互相尊重		30	
组员 1 组内评价得分				
组员 2 姓名		学号		
评价指标	评价要点		分值	得分
参与态度	积极主动交流		30	
	能提出个人见解		40	
	互相尊重		30	
组员 2 组内评价得分				
组员 3 姓名		学号		
评价指标	评价要点		分值	得分
参与态度	积极主动交流		30	
	能提出个人见解		40	
	互相尊重		30	
组员 3 组内评价得分				
组员 4 姓名		学号		
评价指标	评价要点		分值	得分
参与态度	积极主动交流		30	
	能提出个人见解		40	
	互相尊重		30	
组员 4 组内评价得分				

2. 小组间评价（见表7-3-5）

表7-3-5 小组间评价

小组编号			
评价指标	评价要点	分值	得分
展示效果	声音洪亮	10	
	表达清晰	30	
任务完成质量	标题优化后满足要求	30	
	标题优化过程完整	30	
小组得分			

3. 教师评价（见表7-3-6）

表7-3-6 教师评价

评价维度	评价指标	评价权重	评价要点	分值	得分
知识40%	单项知识掌握度	课程预习	学习资料的预习情况	10	
		课程测试	完成学习平台的所有课程测试	10	
		基本知识	掌握课程知识内容	10	
		作业提交	作业提交情况	10	
能力40%	学习成果	数据指标含义（20分）	完整性：能够说出标题相关数据指标	10	
			准确性：能够准确说出数据指标的含义	10	
		标题优化技巧（10分）	准确性：能够说出标题优化的技巧	5	
			功能性：能够利用技巧完成标题优化	5	
		优化标题（10分）	完整性：能够包含所有关键词类型	3	
			准确性：能够准确描述商品卖点	3	
			高效性：能够利用技巧完成标题优化	4	
素质20%	工匠素养	有操守：政治意识与诚信守法		3	
		有情怀：家国情怀与文化传承		3	
		关注跨境电商领域，勇于创新		3	
		细心：严谨认真，积极参与课堂活动		2	
		恒心：自主学习，勇于克服困难		2	
		精心：精益求精		2	
		责任心：服从组织调配和管理，敢于担当		2	
	劳动素养	吃苦耐劳，与时俱进		3	
任务三合计得分					

七、任务拓展

1. 课后测试

请扫描二维码，完成课后测试。

2. 个人反思（见表7-3-7）

表7-3-7 个人反思

姓名		学号		组号	
评价指标	评价内容			分值	分数评定
信息检索	能有效利用网络平台查找与跨境电商商品发布相关的规则等；能将查到的信息有效地传递到学习中			10	
感知课堂生活	熟悉商品上架的流程，认同工作价值；在学习中能获得满足感			10	
参与态度	积极主动与教师、同学交流，相互尊重、理解、平等；与教师、同学之间能够保持多向、丰富、适宜的信息交流			10	
	能处理好合作学习和独立思考的关系，做到有效学习；能提出有意义的问题或能发表个人见解			10	
知识获得	能说出与标题相关的数据指标			10	
	能说出标题优化的技巧			10	
	能利用优化技巧完成标题优化			10	
	能根据数据反馈情况完成标题优化			10	
思维态度	能发现问题、提出问题、分析问题、解决问题、创新问题			10	
自评反馈	按时按质完成任务；较好地掌握了知识点；具有较强的信息分析能力和理解能力；具有较为全面严谨的思维能力并能条理清楚地表达成文			10	
自评分数					
有益的经验和做法					
总结反馈建议					

3. 小组优化

阅读"玩具行业搜索作弊案例解析与处罚规则"，自行查找网络资料，进行小组讨论，完成以下问题，并派代表展示讨论结果。

玩具行业搜索作弊
案例解析与处罚规则

问题1：什么是SEO优化？SEO优化包含哪些方面？
_____
_____

问题2：速卖通平台的SEO优化可以从哪些方面入手？
_____
_____

问题3：如何获得自然搜索流量？
_____
_____

问题4：速卖通的搜索规则和宗旨是什么？
_____
_____

4. 拓展训练

请自行查阅任务一中拓展训练完成的女装、童装、汽配产品标题并进行优化。

女装T恤	
原始标题	
优化后标题	
童装连衣裙	
原始标题	
优化后标题	
汽配产品	
原始标题	
优化后标题	

思政园地

中国制造 精益求精
一丝不苟

行业观察

跨境电商成中国
外贸高质量
发展新发力点

协作创新

广东广州：跨境
电商多项金融配套
服务首发

项目八 主图选择

任务一 主图标准

一、工作场景描述

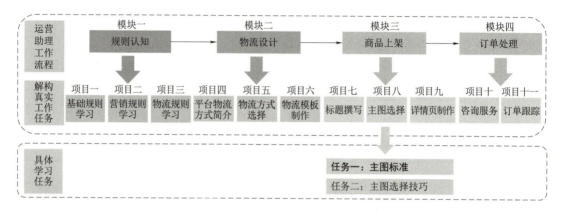

根据跨境电商运营助理岗位的工作流程,将课程分为四个模块,并解构工作内容,设计十一个项目和对应的学习任务。本任务为模块三"商品上架"项目八"主图选择"中的第一个任务——"主图标准",将用2学时完成。

二、任务描述

某跨境电商公司拟在速卖通平台上架儿童玩具,需要运营助理进行商品筛选,要求是在符合其他选品条件的同时,特别注意货源商品的主图质量,需要团队合作,完成货源商品的筛选。店铺主图部分截图见8-1-1。

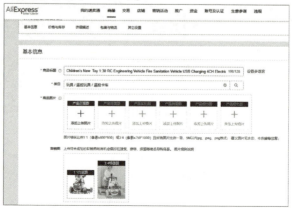

图8-1-1 店铺主图部分截图

本次任务需要选择出符合平台各类主图要求的图片，并进行选品池的扩充。

 三、任务目标及重难点

通过本次任务，你应达到以下目标。

知识目标	1. 了解平台主图相关的规则； 2. 掌握各类主图的概念及作用
能力目标	1. 能够对各类主图的要求进行区分； 2. 能够筛选符合平台规则的主图
素质目标	培养学生的创造精神和工匠精神，增强规则意识
学习重点	掌握各类主图的概念和作用
学习难点	能够筛选符合平台规则的主图

 四、相关知识点

1. 主图的构成及概念

速卖通主图包含主图（第1张图）、副图和营销图3种，一共有6张（见图8-1-2）。作为产品页面的重要组成部分，优质的主图可实现点击转化率，买家可以通过主图直接完成购买，因此在产品上架过程中，主图的质量和卖点的呈现尤为重要。

图8-1-2　速卖通主图

（1）主图

主图类似产品页面的封面，是买家第一眼看到的图片，可以促成曝光到点击的转化，也就是会形成曝光点击率。当买家看到主图，并进行了点击，进入产品页面，就形成了曝光点击率。

（2）副图

副图的作用是实现商品从浏览到成交转化的过程，也就可以形成浏览转化率，主要呈现产品的细节、使用场景、卖点等，共5张。

（3）营销图

营销图可以在更多的导购频道中进行曝光，分为1∶1白底图和3∶4场景图。当平台或店铺做活动时，系统会自动抓取营销图进行曝光展示，比如展示在搜索、推荐和频道中。

2. 主图与营销图的标准（见表8-1-1）

表8-1-1 主图与营销图的标准

主图类型		基本要求	正确示例
主图		1. 图片背景：纯白色/或全透明； 2. 图片尺寸：不小于800 px×800 px； 3. 图片比例：正方形（宽高比1∶1）； 4. 图片格式：jpg、jpeg、png； 5. 支持大小：不超过5MB	休闲西装/正装西服
副图			
营销图	1∶1白底图	1. 图片背景：纯白色/或全透明； 2. 图片尺寸：不小于800 px×800 px； 3. 图片比例：正方形（宽高比1∶1）； 4. 图片格式：jpg、jpeg、png； 5. 支持大小：不超过5MB	牛仔裤

续表

主图类型		基本要求	正确示例
营销图	主图	1. 背景颜色：纯色或实拍场景； 2. 图片尺寸：不小于 750 px × 1 000 px； 3. 图片比例：长方形（宽高比 3:4）； 4. 图片格式：jpg、jpeg、png； 5. 支持大小：不超过 5MB	休闲西装/正装西服 牛仔裤
	副图		
	3:4 场景图		

3. 主图设计说明（见表 8 – 1 – 2）

表 8 – 1 – 2　主图设计说明

主图类型		细节说明	正确示例
营销图	主图	1. 图片背景必须为纯白色或全透明； 2. 商品主体需居中正面展示，与四边保持一定间距，建议不小于 50 px； 3. 允许表达多 SKU、套装、配件等商品属性信息，需保证商品主体清晰可识别； 4. 不允许出现品牌 Logo、水印、任何形式的边框以及杂乱促销信息； 5. 不允许出现敏感类目、违禁商品以及政治敏感、宗教敏感等商品信息	50 px 800 px 800 px
	副图		
	1:1 白底图		

续表

主图类型		细节说明	正确示例
营销图	主图	1. 允许背景为实物场景、模特演示，用于辅助说明商品的使用方式、使用效果、使用场景、品牌调性等； 2. 允许表达多 SKU、套装、配件等商品属性信息，需保证商品主体清晰可识别； 3. 不允许出现品牌 Logo、水印、任何形式的边框以及促销"牛皮癣"等信息； 4. 不允许出现敏感类目、违禁商品以及政治敏感、宗教敏感等商品信息	
	副图		
	3∶4 场景图		

4. 平台规则

请扫描二维码学习《商家图片盗用规则》。

商家图片盗用规则

正确与错误的
白底示范图

 五、任务实施

1. 课前预习

《正确与错误的白底示范图》。

2. 课中练习

任务清单一　主图各类型的基本概念

主图类型	概念	位置（截图）	作用	基本要求
主图				
副图				
营销图				

任务清单二　选择适合的图片

请在下列图片中，分别选出适合作主图、副图和营销图的图片。

| 编号 1 | 编号 2 | 编号 3 | 编号 4 |

| 编号 5 | 编号 6 | 编号 7 | 编号 8 |

| 编号 9 | 编号 10 | 编号 11 | 编号 12 |

| 编号 13 | 编号 14 | 编号 15 | 编号 16 |

续表

编号17	编号18	编号19	编号20
编号21	编号22	编号23	编号24

主图编号	副图编号	营销图编号

写出选择原因

任务清单三　以主图角度扩充选品池

商品链接	标题	所属类目	页面截图

要求：以小组为单位，对儿童玩具品类进行选品搜索，选择符合主图要求的商品，每组至少选5个，扩充选品池。

3. 课中测试

请扫描二维码，完成课中测试。

4. 课后巩固

请每小组展示任务三选品的过程，其他小组查漏补缺。

六、任务评价

1. 小组内评价（见表 8-1-3）

表 8-1-3 小组内评价

组员 1 姓名		学号			
评价指标	评价要点			分值	得分
参与态度	积极主动交流			30	
	能提出个人见解			40	
	互相尊重			30	
组员 1 组内评价得分					
组员 2 姓名		学号			
评价指标	评价要点			分值	得分
参与态度	积极主动交流			30	
	能提出个人见解			40	
	互相尊重			30	
组员 2 组内评价得分					
组员 3 姓名		学号			
评价指标	评价要点			分值	得分
参与态度	积极主动交流			30	
	能提出个人见解			40	
	互相尊重			30	
组员 3 组内评价得分					
组员 4 姓名		学号			
评价指标	评价要点			分值	得分
参与态度	积极主动交流			30	
	能提出个人见解			40	
	互相尊重			30	
组员 4 组内评价得分					

2. 小组间评价（见表 8－1－4）

表 8－1－4　小组间评价

小组编号			
评价指标	评价要点	分值	得分
展示效果	声音洪亮	10	
	表达清晰	30	
任务完成质量	选品数量满足要求	30	
	商品主图质量符合要求	30	
小组得分			

3. 教师评价（见表 8－1－5）

表 8－1－5　教师评价

评价维度	评价指标	评价权重	评价要点	分值	得分
知识40%	单项知识掌握度	课程预习	学习资料的预习情况	10	
		课程测试	完成学习平台的所有课程测试	10	
		基本知识	掌握课程知识内容	10	
		作业提交	作业提交情况	10	
能力40%	学习成果	主图要求（20分）	完整性：能够完成任务清单的所有内容	5	
			准确性：能够说出主图要求	10	
			规范性：能够按照任务要求规范分析	5	
		选择主图（10分）	完整性：能够完成任务清单的所有内容	3	
			准确性：能够准确说明主图要求	3	
			时效性：能够按照时间进度完成任务	4	
		扩充产品池（10分）	数量要求：能够满足要求	3	
			质量要求：主图质量符合要求	3	
			时效性：能够按照时间进度完成任务	4	
素质20%	工匠素养		有操守：政治意识与诚信守法	3	
			有情怀：家国情怀与文化传承	3	
			关注跨境电商领域，勇于创新	3	
			细心：严谨认真，积极参与课堂活动	2	
			恒心：自主学习，勇于克服困难	2	
			精心：精益求精	2	
			责任心：服从组织调配和管理，敢于担当	2	
	劳动素养		吃苦耐劳，与时俱进	3	
任务一合计得分					

七、任务拓展

1. 课后测试

请扫描二维码,完成课后测试。

2. 个人反思(见表 8–1–6)

表 8–1–6 个人反思

姓名		学号		组号	
评价指标	评价内容			分值	分数评定
信息检索	能有效利用网络平台查找与跨境电商商品发布相关的规则等;能将查到的信息有效地传递到学习中			10	
感知课堂生活	熟悉商品上架的流程,认同工作价值;在学习中能获得满足感			10	
参与态度	积极主动与教师、同学交流,相互尊重、理解、平等;与教师、同学之间能够保持多向、丰富、适宜的信息交流			10	
	能处理好合作学习和独立思考的关系,做到有效学习;能提出有意义的问题或能发表个人见解			10	
知识获得	能说出平台主图相关的规则			10	
	掌握各类主图的概念及作用			10	
	能对各类主图的要求进行区分			10	
	能筛选符合平台规则的主图			10	
思维态度	能发现问题、提出问题、分析问题、解决问题、创新问题			10	
自评反馈	按时按质完成任务;较好地掌握了知识点;具有较强的信息分析能力和理解能力;具有较为全面严谨的思维能力并能条理清楚地表达成文			10	
自评分数					
有益的经验和做法					
总结反馈建议					

3. 小组优化

请以小组为单位展开讨论,将左侧的营销图示例与右侧的要点进行连接,并试着在平台上找出更多的图片例子(见表 8–1–7)。

表 8-1-7　小组优化任务

4. 拓展训练

营销图的作用是在报名任何平台活动的时候，系统会自动引用营销图，无须再次上传。请在速卖通前端找到营销图的展示场景，完成表 8–1–8。

表 8–1–8　拓展训练

展示场景	PC 端	移动端
首页推荐商品列表		
购物车等其他推荐商品列表		
新品等导购频道商品列表		
营销会场推荐商品列表		

思政园地

精准把握网络意识
形态工作的着力点

行业观察

跨境电商行业发展
再迎新机遇

协作创新

马明伟：90 后
"沙棘人"的创业路

跨境电商初级运营

任务二　主图选择技巧

一、工作场景描述

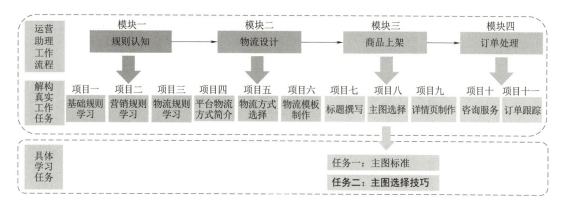

根据跨境电商运营助理岗位的工作流程，将课程分为四个模块，并解构工作内容，设计十一个项目和对应的学习任务。本任务为模块三"商品上架"项目八"主图选择"中的第二个任务——"主图选择技巧"，将用2学时完成。

二、任务描述

某跨境电商公司拟在速卖通平台上架儿童玩具，需要运营助理进行商品筛选。要求在符合其他选品条件的同时，特别注意货源商品主图的卖点呈现效果，是否能直接促成转化。需要团队合作，完成货源商品的筛选。店铺主图部分截图见图8-2-1。

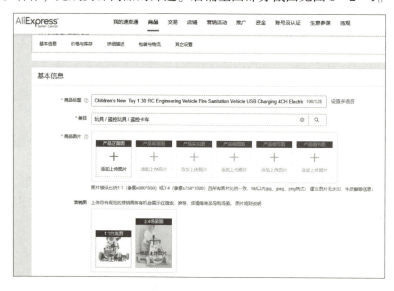

图8-2-1　店铺主图部分截图

本次任务需要选择出卖点突出、符合主图要求的图片,并进行选品池的扩充。

三、任务目标及重难点

通过本次任务,你应达到以下目标。

知识目标	1. 掌握主图选择的方法; 2. 掌握主图的选择技巧
能力目标	1. 能够根据主图的选择技巧完成主图选择; 2. 能够根据商品特色选择适合的主图
素质目标	培养学生的创造精神和工匠精神、审美意识
学习重点	掌握主图选择的方法
学习难点	能够根据商品特色选择合适的主图

四、相关知识点

1. 主图选择(见表 8–2–1)

表 8–2–1 主图选择示例

内　　容	示　　例
展示商品核心卖点和使用场景	
展示商品与其他商品的区别	
展示商品使用场景和使用效果	

续表

内　容	示　例
展示模特佩戴效果	
展示设计品质保证、材质、尺寸等	
展示产品包装方面的特色和优势	

2. 主图的选择技巧（见图 8－2－2）

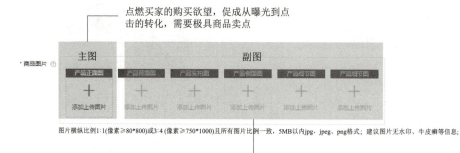

图 8－2－2　主图的选择技巧

举例：

主图（第1张图）：除了展示商品，将商品的核心卖点进行罗列，抓住消费者的眼球，简明扼要地说明商品是什么，长什么样子，有哪些核心卖点（见图8-2-3）。

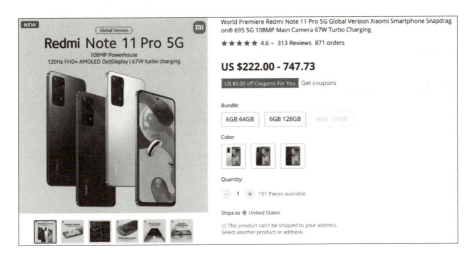

图 8-2-3　主图选择

副图（第2~6张图）：这5张图分别展示了商品的重要卖点（图8-2-4）。

图 8-2-4　副图选择

3. 效果更好的主图效果

1）纯色背景，可适当加镜像或阴影做卖点突出或质感升级，与同行差异化呈现；

2）主图不要出现容易引起买家误会的赠品或配件图片；

3）结合手机端买家体验，商品在图片的比例最好在85%左右；

4）不同的商品用不同的场景进行衬托；

5）凸显商品的质感，提高点击率。

五、任务实施

1. 课前预习

《产品发布各模块图片要求》。

产品发布各模块图片要求

2. 课中练习

任务清单一　评价图片

图片	评价

要求：试着从卖点呈现的角度对左侧的图片进行评价。

任务清单二　搜索前端找出合适的主图

商品链接	商品截图	理由

要求：搜索速卖通前端，找出不合适作主图的 3 个商品以及适合作主图的 2 个商品，记录链接、截图以及对应的理由。

任务清单三　以主图卖点呈现角度扩充选品池

商品链接	标题	所属类目	页面截图

要求：以小组为单位，对儿童玩具品类进行选品搜索，选择符合主图卖点呈现要求的商品，每组至少选 5 个，扩充选品池。

3. 课后巩固

请每小组展示扩充选品池的过程，其他小组查漏补缺。

六、任务评价

1. 小组内评价（见表 8-2-2）

表 8-2-2　小组内评价

组员1姓名		学号		
评价指标	评价要点		分值	得分
参与态度	积极主动交流		30	
	能提出个人见解		40	
	互相尊重		30	
组员1组内评价得分				
组员2姓名		学号		
评价指标	评价要点		分值	得分
参与态度	积极主动交流		30	
	能提出个人见解		40	
	互相尊重		30	
组员2组内评价得分				

续表

组员3姓名		学号			
评价指标	评价要点			分值	得分
参与态度	积极主动交流			30	
	能提出个人见解			40	
	互相尊重			30	
组员3组内评价得分					
组员4姓名		学号			
评价指标	评价要点			分值	得分
参与态度	积极主动交流			30	
	能提出个人见解			40	
	互相尊重			30	
组员4组内评价得分					

2. 小组间评价（见表8-2-3）

表8-2-3 小组间评价

小组编号				
评价指标	评价要点		分值	得分
展示效果	声音洪亮		10	
	表达清晰		30	
任务完成质量	选品数量满足要求		30	
	商品主图质量符合要求		30	
小组得分				

3. 教师评价（见表8-2-4）

表8-2-4 教师评价

评价维度	评价指标	评价权重	评价要点	分值	得分
知识40%	单项知识掌握度	课程预习	学习资料的预习情况	10	
		基本知识	掌握课程知识内容	10	
		作业提交	作业提交情况	20	
能力40%	学习成果	主图要求（20分）	完整性：能够完成任务清单的所有内容	5	
			准确性：能够说出主图各类要求	10	
			规范性：能够按照任务要求规范分析	5	
		选择主图（10分）	完整性：能够完成任务清单的所有内容	3	
			准确性：能够准确选择适合的主图	3	
			时效性：能够按照时间进度完成任务	4	

续表

评价维度	评价指标	评价权重	评价要点	分值	得分
能力40%	学习成果	扩充产品池（10分）	数量要求：能够满足要求	3	
			质量要求：主图质量符合要求	3	
			时效性：能够按照时间进度完成任务	4	
素质20%	工匠素养		有操守：政治意识与诚信守法	3	
			有情怀：家国情怀与文化传承	3	
			关注跨境电商领域，勇于创新	3	
			细心：严谨认真，积极参与课堂活动	2	
			恒心：自主学习，勇于克服困难	2	
			精心：精益求精	2	
			责任心：服从组织调配和管理，敢于担当	2	
	劳动素养		吃苦耐劳，与时俱进	3	
任务二合计得分					

 七、任务拓展

1. 个人反思（见表8-2-5）

表8-2-5 个人反思

姓名		学号		组号	
评价指标	评价内容			分值	分数评定
信息检索	能有效利用网络平台查找与跨境电商商品发布相关的规则等；能将查到的信息有效地传递到学习中			10	
感知课堂生活	熟悉商品上架的大概流程，认同工作价值；在学习中能获得满足感			10	
参与态度	积极主动与教师、同学交流，相互尊重、理解、平等；与教师、同学之间能够保持多向、丰富、适宜的信息交流			10	
	能处理好合作学习和独立思考的关系，做到有效学习；能提出有意义的问题或能发表个人见解			10	
知识获得	掌握主图选择的方法			10	
	掌握主图的选择技巧			10	
	能根据主图的选择技巧完成主图选择			10	
	能根据商品特色选择适合的主图			10	
思维态度	能发现问题、提出问题、分析问题、解决问题、创新问题			10	
自评反馈	按时按质完成任务；较好地掌握了知识点；具有较强的信息分析能力和理解能力；具有较为全面严谨的思维能力并能条理清楚地表达成文			10	
自评分数					

续表

有益的经验和做法	
总结反馈建议	

2. 小组优化

请以小组为单位,分别在速卖通移动端、PC 端找到营销图的展示场景,并展开讨论,完成以下问题。

问题 1:如何优化商品营销图?

___

___

问题 2:营销图应具备哪些要素?

___

___

3. 拓展训练

请自学"服装衣帽行业图片优化规则",以小组为单位,在速卖通平台查找相关案例,完成表 8 – 2 – 6。

服装衣帽行业
优化图片规则

表 8 – 2 – 6　规则示范

规则	错误示范	正确示范

思政园地

审美,审的是什么
——清华大学

行业观察

促进跨境电商
新业态行稳致远

协作创新

新农民胡盼盼的
田园创业梦

项目九 详情页制作

任务一 文案写作

一、工作场景描述

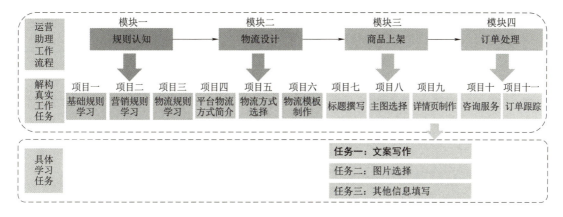

根据跨境电商运营助理岗位的工作流程,将课程分为四个模块,并解构工作内容,设计十一个项目和对应的学习任务。本任务为模块三"商品上架"项目九"详情页制作"中的第一个任务——"文案写作",将用2学时完成。

二、任务描述

某跨境电商公司在速卖通平台上开设了店铺,准备上架儿童玩具,需要运营助理制作商品详情页,包括文案写作、图片搜集和其他信息的填写。首先要撰写详情页文案,具体商品信息扫描二维码获得。详情页制作部分截图见图9-1-1。

烧烤玩具
商品信息

图9-1-1 详情页制作部分截图

本次任务需要完成玩具产品卖点的提炼和详情页中英文文案的撰写。

三、任务目标及重难点

通过本次任务，你应达到以下目标。

知识目标	1. 了解文案的来源以及用户画像的概念与意义； 2. 掌握词库的建立方法； 3. 掌握文案撰写路径
能力目标	1. 能够构建商品专属词库； 2. 能够根据商品特色撰写详情页文案
素质目标	培养学生的创造精神与互联网思维
学习重点	掌握撰写文案的一般路径
学习难点	能够根据商品特色撰写详情页文案

四、相关知识点

1. 用户画像与文案词库

（1）用户画像的概念

在网络世界里，店铺无法直接面对消费者，需要将消费行为进行标签化处理，从而方便电商经营者进行更有针对性的营销推广。常见的用户画像有四类：

第一类：人口属性。比如性别、年龄、常住地、籍贯，甚至是身高、血型等。

第二类：社会属性。我们每个人在社会里都不是一个单独的个体，一定有关联关系的，比如婚恋状态、受教育程度、资产情况、收入情况、职业等。

第三类：兴趣偏好。比如摄影、运动、美食、爱美、服饰、旅游、教育等，这部分是最常见的，也是最庞大的，难以一一列举完。

第四类：用户行为。比如消费者 3、7、15、30 日内登录时长、登录次数、登录时间段、浏览深度、价格偏好、购买偏好等。

（2）用户画像的作用

精准营销：从简单粗暴式操作到精细化的运营，将用户进行分层，再用短信、推文等手段，刺激用户对商品的使用、下单，或对用户进行召回等。

广告投放：品牌处于业务高速发展期时，需要大量对外曝光。由于推广预算有限，在渠道的选择上，就要求能有更多自己典型的用户进行推广，这时就需要用户画像的配合了。

客户管理：可以理解为建立客户数据库，利用各个标签将各个数据系统打通，把用户在跨境店铺的行为均建立行为标签并打通，继而建立数据仓库，然后制作出用户画像，那么精细化的推送策略才是完美的。

文案词库：根据用户画像，可以将目标群体的痛点转化成详情页文案的词库，同时，可以适当地分析竞品店铺、产品的文案特点，还可以参考生意参谋选词、站外流量选词、以及已有客户的体验分析等。

2. 写文案的路径

详情页虽然比主图篇幅大,但考虑到消费者的关注程度,篇幅不宜过长,以移动端详情页为例,一般为6屏左右。因此,如何在寸土寸金的详情页中,最大限度地突出商品信息变得尤为重要。其中,详情页文案不宜字数过多,需要精简提炼精华部分,可以采用一句总结式语句或关键词罗列的方式进行呈现,例如,用一句话总结产品的价格优势、超级卖点、品牌服务等。

3. 单屏文案逻辑拆分

每一屏详情页传递的信息都有一定的逻辑和主旨,一般含有以下几种类型,见表9-1-1。

表9-1-1 详情页文案类型

类型	基础信息	使用方法	场景卖点	细节描述	品牌服务
内容	品名、型号、规格、颜色	阐述商品使用方法	展示商品使用场景及卖点	详细展现商品细节	阐述品牌信息及服务等
示例					

4. 标题化文案

图文并茂的详情页展示方式更有助于高效的传递信息,因此每一屏详情页的文案都要有大标题、小标题,大标题简明扼要,小标题是大标题的补充和延伸,装饰性文案不可或缺,可以适当调整字体、大小、颜色进行装饰(见图9-1-2)。

图9-1-2 图文并茂的详情页

五、 任务实施

1. 课前预习

《详情页文案类型》。

2. 课中练习

详情页文案类型

任务清单一　商品基本信息及核心卖点

基础信息	中文	商品名称		英文	Name	
		颜色选项			Colors	
		商品净重			Weight	
		商品材质			Material	
		规格尺寸			Size	
		部件构成			Parts	
		适用人群			Users	
		特点介绍			Special	
核心卖点1	核心卖点2	核心卖点3	核心卖点4	核心卖点5	核心卖点6	核心卖点7
核心卖点1（英文）	核心卖点2（英文）	核心卖点3（英文）	核心卖点4（英文）	核心卖点5（英文）	核心卖点6（英文）	核心卖点7（英文）

任务清单二　用户画像与词库

	商品信息	适用人群	购物偏好	人群定位	认知深度	消费痛点
用户画像						
词库	词库来源		卖点词汇			

任务清单三　文案逻辑拆分——文案策划

××店××商品文案策划

策划人：　　　　时间：

基础信息	中文	商品名称		英文	Name	
		颜色选项			Colors	
		商品净重			Weight	
		商品材质			Material	
		规格尺寸			Size	
		部件构成			Parts	
		适用人群			Users	
		特点介绍			Special	
商品主图	第1张	第2张	第3张	第4张	第5张	第6张
要求详解	搜索印象首图	颜色规格合集	场景实拍模特	使用方法介绍	卖点细节特写	包装组件集合
营销图	1:1 白底图			3:4 场景图		
详情页面	第1屏	第2屏	第3屏	第4屏	第5屏	第6屏
卖点逻辑	首焦海报	卖点介绍	基础信息	细节特写	场景实拍	买家须知
文案中文大标题						
文案英文大标题						
文案中文小标题						
文案英文小标题						

3. 课后巩固

请每小组展示文案撰写过程,其他小组查漏补缺。

六、任务评价

1. 小组内评价(见表 9-1-2)

表 9-1-2 小组内评价

组员1姓名		学号		
评价指标	评价要点		分值	得分
参与态度	积极主动交流		30	
	能提出个人见解		40	
	互相尊重		30	
组员1组内评价得分				
组员2姓名		学号		
评价指标	评价要点		分值	得分
参与态度	积极主动交流		30	
	能提出个人见解		40	
	互相尊重		30	
组员2组内评价得分				
组员3姓名		学号		
评价指标	评价要点		分值	得分
参与态度	积极主动交流		30	
	能提出个人见解		40	
	互相尊重		30	
组员3组内评价得分				
组员4姓名		学号		
评价指标	评价要点		分值	得分
参与态度	积极主动交流		30	
	能提出个人见解		40	
	互相尊重		30	
组员4组内评价得分				

2. 小组间评价（见表9-1-3）

表9-1-3　小组间评价

小组编号			
评价指标	评价要点	分值	得分
展示效果	声音洪亮	10	
	表达清晰	30	
任务完成质量	词库丰富	30	
	卖点挖掘准确	30	
	小组得分		

3. 教师评价（见表9-1-4）

表9-1-4　教师评价

评价维度	评价指标	评价权重	评价要点	分值	得分
知识40%	单项知识掌握度	课程预习	学习资料的预习情况	10	
		基本知识	掌握课程知识内容	20	
		作业提交	作业提交情况	10	
能力40%	学习成果	提炼卖点（20分）	完整性：能够完成任务清单的所有内容	5	
			准确性：能够准确分析商品卖点	10	
			规范性：能够按照任务要求规范分析	5	
		人群定位（10分）	完整性：能够完成任务清单的所有内容	3	
			准确性：能够准确分析人群定位	3	
			规范性：能够按照任务要求规范分析	4	
		撰写文案（10分）	完整性：能够描述所有卖点词汇	3	
			准确性：能够准确描述商品卖点	3	
			功能性：有创意、有亮点	4	
素质20%	工匠素养		有操守：政治意识与诚信守法	3	
			有情怀：家国情怀与文化传承	3	
			关注跨境电商领域，勇于创新	3	
			细心：严谨认真，积极参与课堂活动	2	
			恒心：自主学习，勇于克服困难	2	
			精心：精益求精	2	
			责任心：服从组织调配和管理，敢于担当	2	
	劳动素养		吃苦耐劳，与时俱进	3	
		任务一合计得分			

七、任务拓展

1. 个人反思（见表 9 – 1 – 5）

表 9 – 1 – 5　个人反思

姓名		学号		组号	
评价指标	评价内容			分值	分数评定
信息检索	能有效利用网络平台查找与跨境电商商品发布相关的规则等；能将查到的信息有效地传递到学习中			10	
感知课堂生活	熟悉商品上架的流程，认同工作价值；在学习中能获得满足感			10	
参与态度	积极主动与教师、同学交流，相互尊重、理解、平等；与教师、同学之间能够保持多向、丰富、适宜的信息交流			10	
	能处理好合作学习和独立思考的关系，做到有效学习；能提出有意义的问题或能发表个人见解			10	
知识获得	掌握词库的建立方法			10	
	掌握文案撰写路径			10	
	能构建商品专属词库			10	
	能根据商品特色撰写详情页文案			10	
思维态度	能发现问题、提出问题、分析问题、解决问题、创新问题			10	
自评反馈	按时按质完成任务；较好地掌握了知识点；具有较强的信息分析能力和理解能力；具有较为全面严谨的思维能力并能条理清楚地表达成文			10	
自评分数					
有益的经验和做法					
总结反馈建议					

2. 小组优化

请以小组为单位展开讨论，探索商品详情页文案的优化方向，完成以下问题。

问题1：详情页文案的词汇与商品标题关键词有何不同？

_____

_____

_____

问题2：在详情页文案撰写过程中有哪些技巧？

_____

_____

_____

问题3：如果你是消费者，你会注意哪类详情页文案？

_____

_____

_____

问题4：请选出你认为详情页文案撰写质量高的商品，完成表9－1－6。

表9－1－6　商品详情页文案示例

商品	商品链接	详情页文案摘选
商品1		
商品2		

3. 拓展训练

按照文案策划的思路拆解"小组优化"中问题4的商品详情页逻辑思路，任选其一即可（见表9－1－7）。

表9－1－7　拓展训练

基础信息	中文	商品名称		英文	Name	
		颜色选项			Colors	
		商品净重			Weight	
		商品材质			Material	
		规格尺寸			Size	
		部件构成			Parts	
		适用人群			Users	
		特点介绍			Special	
商品主图	第1张	第2张	第3张	第4张	第5张	第6张
要求详解	搜索印象首图	颜色规格合集	场景实拍模特	使用方法介绍	卖点细节特写	包装组件集合
营销图	1:1 白底图			3:4 场景图		
详情页面	第1屏	第2屏	第3屏	第4屏	第5屏	第6屏
卖点逻辑	首焦海报	卖点介绍	基础信息	细节特写	场景实拍	买家须知

续表

文案中文大标题					
文案英文大标题					
文案中文小标题					
文案英文小标题					

思政园地	行业观察	协作创新
利用新媒体开展优秀传统文化教育	新媒体时代呼唤"美言"	"90后"电商达人返乡创业

任务二　图片选择

一、工作场景描述

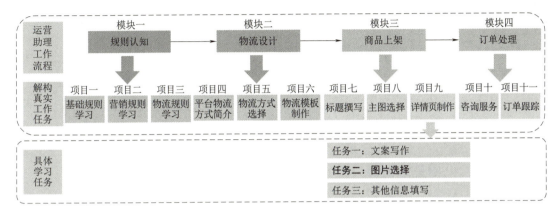

根据跨境电商运营助理岗位的工作流程，将课程分为四个模块，并解构工作内容，设计十一个项目和对应的学习任务。本任务为模块三"商品上架"项目九"详情页制作"中的第二个任务——"图片选择"，将用2学时完成。

二、任务描述

某跨境电商公司在速卖通平台上开设了店铺，准备上架儿童玩具，需要运营助理制作商品详情页，包括文案写作、图片搜集与制作和其他信息的填写。上一任务已经完成了文案写作，本次任务将进行图片搜索与制作，具体商品信息扫描二维码获得。详情页制作部分截图见图9-2-1。

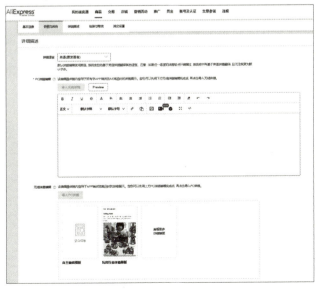

烧烤玩具
商品信息

图9-2-1　详情页制作部分截图

本次任务需要完成商品详情页的图片搜索与制作。

三、任务目标及重难点

通过本次任务，你应达到以下目标。

知识目标	1. 掌握详情页的作用； 2. 掌握详情页的制作逻辑
能力目标	1. 能够按照要求选择合适的详情页图片； 2. 能够对详情页进行图文排版
素质目标	培养学生的创造精神和工匠精神、审美意识
学习重点	掌握详情页的制作逻辑
学习难点	能够按照要求选择合适的详情页图片

四、相关知识点

1. 详情页的作用（见图 9-2-2）

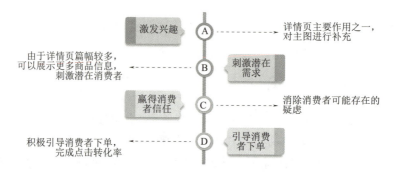

图 9-2-2 详情页的作用

2. 详情页的构成逻辑

详情页要列明商品的基本信息、重要卖点、使用场景、细节呈现、品牌理念和关联推荐，根据商品的特色、所属的行业不同，详情页的构成逻辑也有差别，常见的详情页构成逻辑有基础说明式、品牌导向式、场景代入式、关联推荐式等（见表 9-2-1）。

表 9-2-1 详情页的构成逻辑

基础说明式	品牌导向式	场景代入式	关联推荐式

基础说明式：将商品相关内容进行罗列，包括基本信息、重要卖点、使用方法等，这类详情页更多用在操作性较强的商品中，例如电脑配件、汽配产品等。

品牌导向式：详情页中特别突出品牌效应，将品牌故事、品牌知名度凸显出来，一般用于品牌知名度较高，或者品牌辨识度较高的商品。

场景代入式：此类详情页更加注重商品使用感受、使用场景的展示，对于图片的信息可视化要求较高，可配以视频、直播讲解等多方面进行展示。

关联推荐式：详情页中用一定的篇幅进行关联商品推荐，适合店铺内上架商品较多、商品之间关联性较强的店铺，搭配销售商品，可更大程度促进店铺内转化。

3. FABE 法则

FABE 法则是由美国奥克拉荷大学企业管理博士、中国台湾中兴大学商学院院长郭昆漠总结出来的。FABE 推销法是非常典型的利益推销法，而且是非常具体、可操作性很强的利益推销法。它通过四个关键环节，极为巧妙地处理好了客户关心的问题，从而顺利地实现商品销售。其中，F 代表特征（Features），A 代表优点（Advantages），B 代表利益（Benefits），E 代表证据（Evidence）。

（1）具体做法

1）F：列出商品特征。首先应该将商品的特征详细地列出来，尤其要针对其属性，写出其具有优势的特点，将这些特点列表比较。

2）A：商品的利益。详情页所列的商品特征究竟发挥了什么功能，对使用者能提供什么好处，在什么动机或背景下产生了新产品的观念，都要详细地列出来。

3）B：客户的利益。我们必须考虑商品的利益是否能真正带给客户利益，也就是说，要将商品的利益与客户所需要的利益结合起来。

4）E：满足客户需要的证据。即证明文件、样品、历史评价、销售数据等。

（2）举例：冰箱

（特点）"这款冰箱最大的特点是省电，它每天耗电才 0.35 度，也就是说 3 天才用一度电。"——"省电"是核心卖点之一。

（优势）"以前的冰箱每天耗电都在 1 度以上，质量差一点可能每天耗电达到 2 度。现在的冰箱耗电设计一般是 1 度左右。"——与其他商品相比具有优势。

（利益）"假如 0.8 元一度电，一天可以省可以 0.5 元，一个月省 15 元。"——可以给客户带来利益。

（证据）"输入功率是 70 瓦，就相当于一个电灯的功率。"——给出证据，减少客户疑虑。

4. 完整的详情页可放置的信息

可放置的信息有商店公告、相关营销、商品介绍（图文并茂）、商品尺寸、商品的真实拍摄、商品细节、商品或尺寸图的建议测量方法、客户反馈、物流优势和时效预估、商品包装、购物流程、付款方式、退款政策、维修维护方式、品牌故事等。

考虑到篇幅和买家的关注度，以移动端详情页为例，一般会设置 6 屏详情页，可以选择重要的信息放置，不同的行业也有不同的放置逻辑，可以按照 FABE 法则的逻辑进行罗列。

五、任务实施

1. 课前预习

《速卖通如何制作详情页及优化思路分析》。

2. 课中练习

速卖通如何制作详情页及优化思路分析

任务清单一 解构商品详情页

商品 1 名称						
商品 1 链接						
详情页面	第 1 屏	第 2 屏	第 3 屏	第 4 屏	第 5 屏	第 6 屏
详情内容						
详情逻辑						
商品 2 名称						
商品 2 链接						
详情页面	第 1 屏	第 2 屏	第 3 屏	第 4 屏	第 5 屏	第 6 屏
详情内容						
详情逻辑						
商品 3 名称						
商品 3 链接						
详情页面	第 1 屏	第 2 屏	第 3 屏	第 4 屏	第 5 屏	第 6 屏
详情内容						
详情逻辑						

要求：请在速卖通前端查找商品，进行详情页解构拆解，描述每屏内容，并试着归纳详情页逻辑。

商品资料包
（烧烤模具）

任务清单二 FABE 内容梳理

F：特征	A：优点	B：利益	E：证据

要求：请以小组为单位展开讨论，针对拟上架的商品进行 FABE 内容梳理。

任务清单三　详情页图片搜索及处理

详情页面	第1屏	第2屏	第3屏	第4屏	第5屏	第6屏
详情内容						
详情原始图片						
对应英文文案						
处理后图片						

要求：请结合FABE法则梳理的结果，搜索适合的商品详情页，同时结合上一学习任务的文案，对详情页图片进行简单处理。

3. 课后巩固

请每小组展示课堂讨论的结果，其他小组查漏补缺。

六、任务评价

1. 小组内评价（见表9-2-2）

表9-2-2　小组内评价

组员1姓名		学号		
评价指标	评价要点		分值	得分
参与态度	积极主动交流		30	
	能提出个人见解		40	
	互相尊重		30	
组员1组内评价得分				
组员2姓名		学号		
评价指标	评价要点		分值	得分
参与态度	积极主动交流		30	
	能提出个人见解		40	
	互相尊重		30	
组员2组内评价得分				
组员3姓名		学号		
评价指标	评价要点		分值	得分
参与态度	积极主动交流		30	
	能提出个人见解		40	
	互相尊重		30	
组员3组内评价得分				

续表

组员 4 姓名		学号			
评价指标	评价要点			分值	得分
参与态度	积极主动交流			30	
	能提出个人见解			40	
	互相尊重			30	
组员 4 组内评价得分					

2. 小组间评价（见表 9–2–3）

表 9–2–3　小组间评价

小组编号				
评价指标	评价要点		分值	得分
展示效果	声音洪亮		10	
	表达清晰		30	
任务完成质量	详情页完整		30	
	FABE 内容挖掘准确		30	
小组得分				

3. 教师评价（见表 9–2–4）

表 9–2–4　教师评价

评价维度	评价指标	评价权重	评价要点	分值	得分
知识 40%	单项知识掌握度	课程预习	学习资料的预习情况	20	
		基本知识	掌握课程知识内容	10	
		作业提交	作业提交情况	10	
能力 40%	学习成果	提炼卖点（20 分）	完整性：能够完成任务清单的所有内容	5	
			准确性：能够准确分析商品卖点信息	10	
			规范性：能够按照任务要求规范分析	5	
		详情页解构（10 分）	完整性：能够完成任务清单的所有内容	3	
			准确性：能够准确区分几类详情页	3	
			功能性：能够满足详情页的要求	4	
		详情页图片搜索与制作（10 分）	完整性：能够包含 FABE 所有内容	3	
			准确性：能够准确描述商品卖点	3	
			功能性：能够满足详情页的要求	4	

续表

评价维度	评价指标	评价权重	评价要点	分值	得分
素质20%	工匠素养	有操守：政治意识与诚信守法		3	
		有情怀：家国情怀与文化传承		3	
		关注跨境电商领域，勇于创新		3	
		细心：严谨认真，积极参与课堂活动		2	
		恒心：自主学习，勇于克服困难		2	
		精心：精益求精		2	
		责任心：服从组织调配和管理，敢于担当		2	
	劳动素养	吃苦耐劳，与时俱进		3	
任务二合计得分					

七、任务拓展

1. 个人反思（见表9-2-5）

表9-2-5 个人反思

姓名		学号		组号	
评价指标	评价内容			分值	分数评定
信息检索	能有效利用网络平台查找与跨境电商商品发布相关的规则等；能将查到的信息有效地传递到学习中			10	
感知课堂生活	熟悉商品上架的流程，认同工作价值；在学习中能获得满足感			10	
参与态度	积极主动与教师、同学交流，相互尊重、理解、平等；与教师、同学之间能够保持多向、丰富、适宜的信息交流			10	
	能处理好合作学习和独立思考的关系，做到有效学习；能提出有意义的问题或能发表个人见解			10	
知识获得	能说出详情页的作用			10	
	能解构详情页制作逻辑			10	
	能按照要求选择合适的详情页图片			10	
	能对详情页进行图文排版			10	
思维态度	能发现问题、提出问题、分析问题、解决问题、创新问题			10	
自评反馈	按时按质完成任务；较好地掌握了知识点；具有较强的信息分析能力和理解能力；具有较为全面严谨的思维能力并能条理清楚地表达成文			10	

续表

自评分数	
有益的经验和做法	
总结反馈建议	

2. 小组优化

以小组为单位,继续完成对选品池其他商品的 FABE 内容梳理。

商品 1 名称			
商品 1 链接			
F:特征	A:优点	B:利益	E:证据
商品 2 名称			
商品 2 链接			
F:特征	A:优点	B:利益	E:证据
商品 3 名称			
商品 3 链接			
F:特征	A:优点	B:利益	E:证据

3. 拓展训练

请观看《四大思维提高转化率》,以小组为单位,找到典型的商品链接,对其开展高转化率的优化方案,并制作 PPT 进行展示。

四大思维
提高转化率

任务三 其他信息填写

一、工作场景描述

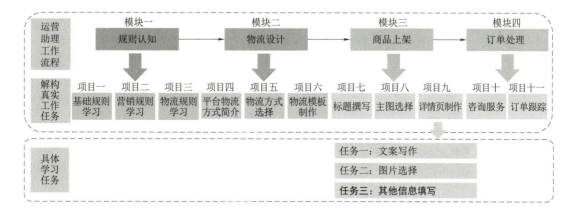

根据跨境电商运营助理岗位的工作流程,将课程分为四个模块,并解构工作内容,设计十一个项目和对应的学习任务。本任务为模块三"商品上架"项目九"详情页制作"中的第三个任务——"其他信息填写",将用2学时完成。

二、任务描述

某跨境电商公司在速卖通平台上开设了店铺,准备上架儿童玩具,需要运营助理制作商品详情页,包括文案写作、图片搜集与制作和其他信息的填写。前面已经完成了文案写作和详情页图片的搜索与制作,本次任务将进行其他信息的填写,包括商品属性、资质信息、价格与库存、包装与物流等,具体商品信息扫描二维码获得。其他信息部分截图见图9-3-1~图9-3-3。

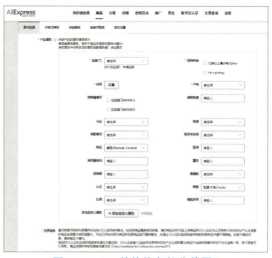

图9-3-1 其他信息部分截图1

图 9-3-2　其他信息部分截图 2

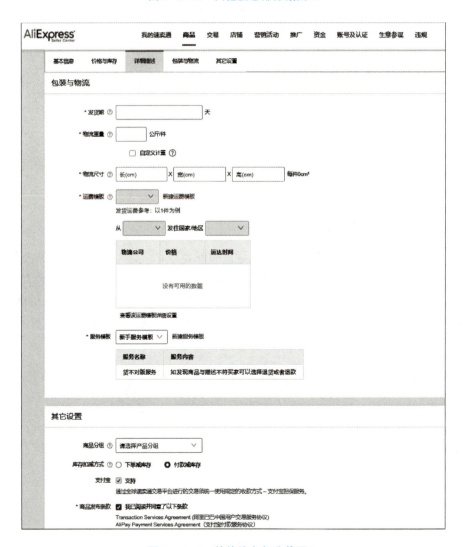

图 9-3-3　其他信息部分截图 3

本次任务需要完成商品详情页的其他信息搜集并完成上架。

三、任务目标及重难点

通过本次任务,你应达到以下目标。

知识目标	1. 掌握商品其他信息的搜集方法; 2. 掌握商品上架过程中各模块的含义
能力目标	1. 能够准确搜索商品信息; 2. 能够根据要求完成商品上架
素质目标	培养学生的创造精神和工匠精神,增强规则意识
学习重点	掌握商品上架过程中各模块的含义
学习难点	能够按照平台要求完成商品上架

 四、相关知识点

1. 产品属性

产品属性是买家选择商品的重要依据,特别是有"!"标识的关键属性。卖家需要详细、准确地填写系统推荐属性和自定义属性,提高商品曝光机会。

自定义属性的填写可以补充系统属性以外的信息,让买家对商品了解得更加全面。

为了确保商品质量,需要正确选择品牌或型号名称;如果没有要选择的内容,可以在选择"other"后,在文本框内填写正确信息(文本信息为必填)。速卖通平台将会对填写的信息进行内容校验检查,如果校验成功,卖家可以在校验推送的结果中选择对应的内容。

如果商品有当前页面外其他的属性,可以在"添加自定义属性"中继续添加(见图9-3-4)。

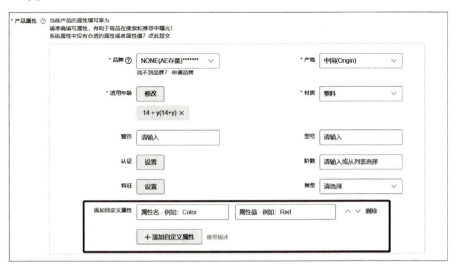

图9-3-4 添加自定义属性页面

2. 资质信息

目前速卖通平台规定，售往欧盟市场的玩具需符合当地 CE 认证的相关要求。如果商品需要销往欧盟，需要在商品发布页面上传商品的 CE 认证证书以及带有 CE 标志和生产企业信息的商品包装图片或标签图片。平台已开始对部分类目的玩具商品进行强制管控，未通过 CE 认证和包装标签审核的玩具将在欧盟市场被屏蔽。商品的 CE 认证和包装标签都审核通过才算合规。CE 认证或者 CE 自我符合声明中的生产企业名称需与商品外包装标签图中的生产企业信息一致，英文谐音可以接受。具体上传要求如下：

1）CE 认证：至少需要包含玩具安全法规 2009/48/EC（88/378/EEC），图片大小需在 3 MB 之内。

2）外包装/标签实拍图：商品实物包装标签图需含 CE 标志和生产企业信息，图片大小需在 3 MB 之内。

3. 价格与库存

此部分需要完成不同 SKU 产品的价格输入和库存设定，其中库存为买家页面显示的库存，与真实库存可以不严格相符。

特别注意：此部分的颜色设置为商品 SKU 的设置，颜色的选择与 SKU 名字、商品颜色无关，颜色后的自定义名称对应买家页面的 SKU 选择，尽量上传对应的 SKU 图片。

图片的要求：图片大小 750 px × 1 000 px，四周不可留白，无 Logo 和水印，不可使用无授权的网络图片；提供商品的正面 + 侧面 + 背面 + 细节图；每个颜色下至少有一张正面图（套装产品，需上传一张包含所有商品的展示图）。

支持自定义输入属性值名称，要求输入内容为字母、数字，操作界面见图 9-3-5，买家界面对应关系见图 9-3-6。

图 9-3-5　自定义输入属性值名称操作界面

图 9-3-6　买家界面对应关系

根据欧盟以及英国相关法律法规要求，零售价格为销售至欧盟地区商品的含税价（见图9-3-7）。

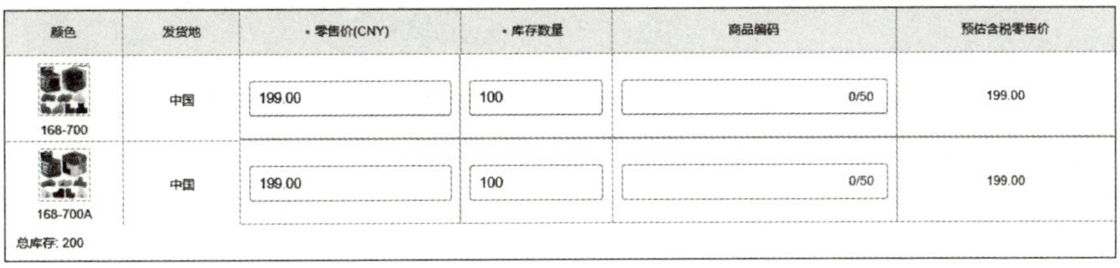

图9-3-7　预估含税零售价

此部分还可设置区域定价，指的是在零售价的基础上，针对不同国家设置单独价格，降价不超过50%，也可选择是否支持批发价，可根据店铺运营定位进行修改。

4. 包装与物流

此部分均为必填项，尤其要认真填写，因为物流重量、尺寸及运费模板直接影响店铺的成本投入和价格核算。应认真核对商品信息，随时根据运营情况进行调整（见图9-3-8）。

图9-3-8　包装与物流界面

"其他设置"中可以选择库存扣减方式，有下单减库存和付款减库存两种（见图9-3-9）。两种方式的区别如下，可根据实际情况进行选择：

1）下单减库存：买家拍下商品后即锁定库存，付款成功后进行库存的实际扣减。如超时未付款则会释放锁定库存，该方式可避免超卖（当商品库存接近 0 时，如多个买家同时付款，可能会出现"超卖缺货"）发生，但是存在被恶拍（即恶意将商品库存全部拍完）风险。

2）付款减库存：买家拍下商品且发起付款时锁定库存，付款成功后进行库存的实际扣减。如超时未付款释放锁定库存，该方式可较大概率避免商品被恶拍，该方式可避免超卖发生（当买家选择线下支付或者使用第三方支付方式时，可能会出现"超卖缺货"）。

图 9－3－9　其他设置界面

五、任务实施

1. 课前预习

《商品上架示例》。

2. 课中练习

商品上架示例

任务清单一　知识考察

问题1：产品属性中哪些属于必填项？

问题2：产品属性中的信息如何获取？

问题3：价格与库存中，颜色选项的含义是什么？对应图片的上传要求是什么？

问题4：发货期、物流重量以及物流尺寸该如何搜集？

问题5：下单减库存与付款减库存的区别是什么？

任务清单二 商品其他信息搜集

内容	信息
产品属性	
资质信息	
SKU信息	
发货期	
物流重量	
物流尺寸	

任务清单三 完成此商品详情页

基础信息	中文	商品名称		英文	Name	
		颜色选项			Colors	
		商品净重			Weight	
		商品材质			Material	
		规格尺寸			Size	
		部件构成			Parts	
		适用人群			Users	
		特点介绍			Special	
商品主图	第1张	第2张	第3张	第4张	第5张	第6张
要求详解	搜索印象首图	颜色规格合集	场景实拍模特	使用方法介绍	卖点细节特写	包装组件集合
主图与副图截图						
营销图		1:1 白底图			3:4 场景图	
营销图截图						
详情页面	第1屏	第2屏	第3屏	第4屏	第5屏	第6屏
详情卖点逻辑	首焦海报	卖点介绍	基础信息	细节特写	场景实拍	买家须知
文案中文大标题						

续表

文案英文大标题						
文案中文小标题						
文案英文小标题						
详情页分屏截图						
其他信息	产品属性	资质信息	价格	库存	物流重量	物流尺寸

要求：以小组为单位，选择组内选品池里的商品，完成商品上架所需要的所有信息，并完成上架操作。

3. 课后巩固

请每个小组展示商品上架的过程，其他小组查漏补缺。

 六、任务评价

1. 小组内评价（见表 9–3–1）

表 9–3–1　小组内评价

组员1姓名		学号		
评价指标	评价要点		分值	得分
参与态度	积极主动交流		30	
	能提出个人见解		40	
	互相尊重		30	
组员1组内评价得分				
组员2姓名		学号		
评价指标	评价要点		分值	得分
参与态度	积极主动交流		30	
	能提出个人见解		40	
	互相尊重		30	
组员2组内评价得分				

续表

组员 3 姓名		学号			
评价指标	评价要点			分值	得分
参与态度	积极主动交流			30	
	能提出个人见解			40	
	互相尊重			30	
组员 3 组内评价得分					
组员 4 姓名		学号			
评价指标	评价要点			分值	得分
参与态度	积极主动交流			30	
	能提出个人见解			40	
	互相尊重			30	
组员 4 组内评价得分					

2. 小组间评价（见表 9-3-2）

表 9-3-2　小组间评价

小组编号			
评价指标	评价要点	分值	得分
展示效果	声音洪亮	10	
	表达清晰	30	
任务完成质量	商品信息搜索完整	30	
	上架操作准确	30	
小组得分			

3. 教师评价（见表 9-3-3）

表 9-3-3　教师评价

评价维度	评价指标	评价权重	评价要点	分值	得分
知识 40%	单项知识掌握度	课程预习	学习资料的预习情况	10	
		基本知识	掌握课程知识内容	10	
		作业提交	作业提交情况	20	
能力 40%	学习成果	信息搜集（20 分）	完整性：能够完成任务清单的所有内容	5	
			准确性：能够准确搜集商品信息	10	
			规范性：能够按照任务要求规范分析	5	
		详情页信息（10 分）	完整性：能够完成任务清单的所有内容	3	
			准确性：能够准确搜集详情页信息	3	
			功能性：能够充分利用平台提示完成任务	4	

续表

评价维度	评价指标	评价权重	评价要点	分值	得分
能力 40%	学习成果	上架操作（10分）	完整性：能够完成上架所有步骤	3	
			准确性：能够准确填写信息	3	
			高效性：能够按照时间进度完成上架	4	
素质 20%	工匠素养		有操守：政治意识与诚信守法	3	
			有情怀：家国情怀与文化传承	3	
			关注跨境电商领域，勇于创新	3	
			细心：严谨认真，积极参与课堂活动	2	
			恒心：自主学习，勇于克服困难	2	
			精心：精益求精	2	
			责任心：服从组织调配和管理，敢于担当	2	
	劳动素养		吃苦耐劳，与时俱进	3	
		任务三合计得分			

七、任务拓展

1. 个人反思（见表 9–3–4）

表 9–3–4　个人反思

姓名		学号		组号	
评价指标	评价内容			分值	分数评定
信息检索	能有效利用网络平台查找与跨境电商商品发布相关的规则等；能将查到的信息有效地传递到学习中			10	
感知课堂生活	熟悉商品上架的流程，认同工作价值；在学习中能获得满足感			10	
参与态度	积极主动与教师、同学交流，相互尊重、理解、平等；与教师、同学之间能够保持多向、丰富、适宜的信息交流			10	
	能处理好合作学习和独立思考的关系，做到有效学习；能提出有意义的问题或能发表个人见解			10	
知识获得	能说出商品其他信息的搜集方法			10	
	能区分上架过程中各模块的含义			10	
	能准确搜索商品信息			10	
	能根据要求完成商品上架			10	
思维态度	能发现问题、提出问题、分析问题、解决问题、创新问题			10	

续表

评价指标	评价内容	分值	分数评定
自评反馈	按时按质完成任务；较好地掌握了知识点；具有较强的信息分析能力和理解能力；具有较为全面严谨的思维能力并能条理清楚地表达成文	10	
自评分数			
有益的经验和做法			
总结反馈建议			

2. 小组优化

以小组为单位，对已上架的商品进行优化，注意平台自动检验系统的提示（见图9–3–10）。

图9–3–10　商品优化界面

3. 拓展训练

以小组为单位，根据对应板块的评价标准，对上架商品进行自查，并完成优化（见表9–3–5）。

表9–3–5　评价标准优化

板块	部分评价标准	优化前	优化后
标题	1. 是否写满128个字符； 2. 核心词是否表述准确； 3. 首字母是否大写； 4. 是否含有热搜词		

续表

板块	部分评价标准	优化前	优化后
主图	1. 背景是否为纯色； 2. 尺寸大小是否符合规则； 3. 是否含有正面、背面、实拍、侧面、细节图； 4. 是否含有 1:1 白底图以及 3:4 场景图作为营销图		
属性	1. 属性描述是否准确； 2. 是否含有自定义属性		
详情文案	1. 文案英文翻译是否准确； 2. 文案是否说明商品卖点		
详情图片	1. 篇幅是否达到 6 屏； 2. 是否采用图文并茂的形式； 3. FABE 内容是否全面		
其他信息	1. 是否上传资质信息； 2. 价格及库存是否填写正确； 3. 物流重量及尺寸是否填写正确		

思政园地

东方精神，意向表达

行业观察

每日一词｜跨境电商零售进口商品清单

协作创新

大学生创新创业如何走稳走远

模块四 订单处理

项目十 咨询服务

任务一 售前咨询

一、工作场景描述

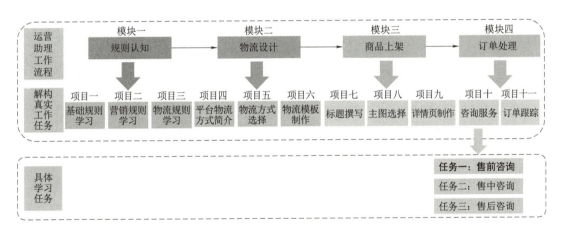

根据跨境电商运营助理岗位的工作流程,将课程分为四个模块,并解构工作内容,设计十一个项目和对应的学习任务。本任务为模块四"订单处理"项目十"咨询服务"中的第一个任务——"售前咨询",将用 2 学时完成。

二、任务描述

完成商品上架后,店铺不定时会有客户进行咨询,运营助理岗位需要提前制定好应对策略,分发给客服部门,具体的操作界面见图 10-1-1。

本次任务需要完成售前咨询信息的整理工作。

图 10-1-1　客户咨询界面

三、任务目标及重难点

通过本次任务,你应达到以下目标。

知识目标	1. 了解客户的性格特征; 2. 熟悉常见的客户购买行为
能力目标	1. 能够区分常见的客户购买行为; 2. 能够根据具体情况完成售前咨询
素质目标	培养学生的创造精神和服务意识,增强规则意识
学习重点	掌握常见的客户购买行为
学习难点	能够根据具体情况完成售前咨询

四、相关知识点

1. 客户的性格特征

(1) 友善型

性格随和,对自己以外的人和事没有过高的要求,具备理解、宽容、真诚、信任等美德,通常是企业的忠诚客户。

对策:提供最好的服务,不因为对方的宽容和理解而放松对自己的要求。

(2) 独断型

立场自信,有很强的决断力,感情强烈,不善于理解别人;对自己的任何付出一定要求回报;不能容忍被欺骗、被怀疑、被怠慢、不被尊重等行为;对自己的想法和要求一定需要被认可,不容易接受意见和建议;通常是投诉较多的客户。

对策:小心应对,尽可能满足其要求,让其有被尊重的感觉。

(3) 分析型

情感细腻,容易被伤害,有很强的逻辑思维能力;懂道理,也讲道理;对公正的处理和合理的解释可以接受，但不愿意接受任何不公正的待遇；善于运用法律手段保护自己，但从不轻易威胁对方。

对策：真诚对待，做出合理解释，争取对方的理解。

（4）自我型

以自我为中心，缺乏同情心，从来不习惯站在他人的立场上考虑问题；绝对不能容忍自己的利益受到任何损害；有较强的报复心理；性格敏感多疑。

对策：学会控制自己的情绪，以礼相待，对自己的过失真诚道歉。

2. 常见的客户购买行为（见图 10 – 1 – 2）。

图 10 – 1 – 2　常见的客户购买行为

3. 售前咨询的一般情况

（1）打招呼

跟买家初次打招呼要亲切自然，并表达卖家的热情，尽量在初步沟通的时候把产品情况介绍清楚。例如：

Hello, my dear friend. Thank you for your visit to my store, you can find the products you need from my store. If there is not what you need, you can tell us, and we can help you to find the source, please feel free to buy anything! Thanks again.

（2）关于商品细节

如果一位美国买家告诉卖家她平时穿 US 8 码的连衣裙，想咨询她应该买哪一个尺码，卖家回复 M 号比较适合。例如：

Hello, dear customer, size M of this dress well fit you pretty well. Please feel free to contact us if you have any other questions. Thanks!

（3）关于价格

如果遇到买家还价，如何回复？例如：

Thank you for your interest in my item. We are sorry for that we can't offer you that low price you bargained. In fact the price listed is very reasonable and has been carefully calculated and our profit margin is already very limited. However, we'd like to offer you some discount if you purchase more than 5 pieces in one order. X% discount will be given to you. Please let me know if you have any further questions. Thanks!

（4）关于支付

如果买家没有 Paypal 账号，如何回复？例如：

Dear friend, Thank you for your inquiry. For simplifying the process sake, I suggest that you pay through PayPal. As you know, it always takes at least 2 – 3 months to clear international check so that the dealing and shipping time will cost too much time. PayPal is a faster, easier and safer payment method. It is widely used in international online business. Even if you do not want to register a PayPal account, you can still use your credit card to go through PayPal checkout process without any extra steps.

五、任务实施

1. 课前预习

找到售后和服务界面，预习相关内容（见图 10 – 1 – 3）。

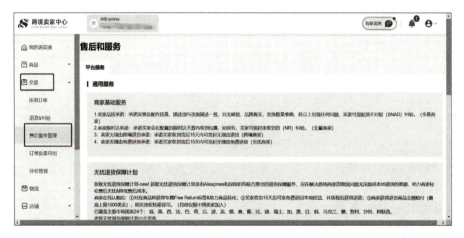

图 10 – 1 – 3　售后和服务界面

2. 课中练习

任务清单一　补充售前咨询的回复方式

问题 1：如果买家想要咨询大量订单是否能便宜，该如何回复？

_____

_____

问题 2：如果店铺不能满足买家的出价，能够提供小折扣，该如何回复？

_____

_____

问题 3：如果买家无法完成付款，该如何回复？

_____

_____

问题4：如果买家咨询运费问题，想要免运费，该如何回复？

任务清单二　针对客户不同的性格特征选择应对策略

性格特征	应对策略
友善型	
独断型	
分析型	
自我型	

任务清单三　针对客户不同的购买行为选择应对策略

购买行为	应对策略
交际型	
购买型	
礼貌型	
讲价型	
拍下不买型	

3. 课后巩固

以小组为单位，扮演买家和卖家，模拟常见的售前咨询类型，并请每个小组展示。

 六、任务评价

1. 小组内评价（见表 10-1-1）

表 10-1-1　小组内评价

组员1姓名		学号		
评价指标	评价要点		分值	得分
参与态度	积极主动交流		30	
	能提出个人见解		40	
	互相尊重		30	
组员1组内评价得分				

续表

组员2 姓名		学号		
评价指标	评价要点		分值	得分
参与态度	积极主动交流		30	
	能提出个人见解		40	
	互相尊重		30	
组员2 组内评价得分				

组员3 姓名		学号		
评价指标	评价要点		分值	得分
参与态度	积极主动交流		30	
	能提出个人见解		40	
	互相尊重		30	
组员3 组内评价得分				

组员4 姓名		学号		
评价指标	评价要点		分值	得分
参与态度	积极主动交流		30	
	能提出个人见解		40	
	互相尊重		30	
组员4 组内评价得分				

2. 小组间评价（见表 10 – 1 – 2）

表 10 – 1 – 2　小组间评价

小组编号			
评价指标	评价要点	分值	得分
展示效果	声音洪亮	10	
	表达清晰	30	
任务完成质量	信息搜索完整	30	
	操作准确	30	
小组得分			

3. 教师评价（见表10－1－3）

表10－1－3　教师评价

评价维度	评价指标	评价权重	评价要点	分值	得分
知识40%	单项知识掌握度	课程预习	学习资料的预习情况	10	
		基本知识	掌握课程知识内容	10	
		作业提交	作业提交情况	20	
能力40%	学习成果	信息搜集（20分）	完整性：能够完成任务清单的所有内容	5	
			准确性：能够准确搜集客户类型信息	10	
			规范性：能够按照任务要求规范分析	5	
		售前咨询信息（10分）	完整性：能够完成任务清单的所有内容	3	
			准确性：能够准确搜集售前咨询信息	3	
			功能性：能够充分利用平台提示完成任务	4	
		咨询回复（10分）	完整性：能够完成售前咨询的所有步骤	3	
			准确性：能够准确填写信息	3	
			高效性：能够按照时间进度完成任务	4	
素质20%	工匠素养	有操守：政治意识与诚信守法		3	
		有情怀：家国情怀与文化传承		3	
		关注跨境电商领域，勇于创新		3	
		细心：严谨认真，积极参与课堂活动		2	
		恒心：自主学习，勇于克服困难		2	
		精心：精益求精		2	
		责任心：服从组织调配和管理，敢于担当		2	
	劳动素养	吃苦耐劳，与时俱进		3	
任务一合计得分					

七、任务拓展

1. 个人反思（见表10－1－4）

表10－1－4　个人反思

姓名		学号		组号	
评价指标	评价内容			分值	分数评定
信息检索	能有效利用网络平台查找与售前咨询相关的信息等；能将查到的信息有效地传递到学习中			10	
感知课堂生活	熟悉售前咨询的流程，认同工作价值；在学习中能获得满足感			10	

续表

评价指标	评价内容	分值	分数评定
参与态度	积极主动与教师、同学交流，相互尊重、理解、平等；与教师、同学之间能够保持多向、丰富、适宜的信息交流	10	
	能处理好合作学习和独立思考的关系，做到有效学习；能提出有意义的问题或能发表个人见解	10	
知识获得	能说出客户的性格特征	10	
	能区分常见的客户购买行为	10	
	能区分售前咨询的一般情况	10	
	能根据具体情况完成售前咨询	10	
思维态度	能发现问题、提出问题、分析问题、解决问题、创新问题	10	
自评反馈	按时按质完成任务；较好地掌握了知识点；具有较强的信息分析能力和理解能力；具有较为全面严谨的思维能力并能条理清楚地表达成文	10	
自评分数			
有益的经验和做法			
总结反馈建议			

2. 小组优化

以小组为单位，对售前咨询的各种情况和回复用词进行优化。

3. 拓展训练

以小组为单位，分析买家一般的购物心理，并有针对性地设计回复策略。

思政园地

中欧班列

行业观察

中国品牌"出海"：
从"单打独斗"
到"攥指成拳"

协作创新

奔跑，向着"一带一路"
美好未来——中欧班列
开行十周年记

任务二 售中咨询

一、工作场景描述

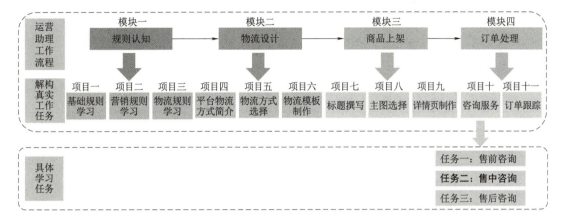

根据跨境电商运营助理岗位的工作流程，将课程分为四个模块，并解构工作内容，设计十一个项目和对应的学习任务。本任务为模块四"订单处理"项目十"咨询服务"中的第二个任务——"售中咨询"，将用2学时完成。

二、任务描述

完成商品上架后，店铺不定时会有客户进行咨询，运营助理岗位需要提前制定好应对策略，分发给客服部门，具体的操作界面见图10-2-1。

图10-2-1 客户咨询界面

本次任务需要完成售中咨询信息的整理工作。

三、任务目标及重难点

通过本次任务，你应达到以下目标。

知识目标	1. 掌握催促付款的咨询技巧； 2. 掌握物流相关的咨询服务技巧
能力目标	1. 能够解决买家已拍未付款的情况； 2. 能够根据实际情况跟踪物流咨询
素质目标	培养学生的创造精神和服务意识，增强规则意识
学习重点	掌握催促付款的咨询方法
学习难点	能够根据实际情况跟踪物流咨询

 ### 四、相关知识点

1. 催促付款的咨询服务

买家在下单之后不一定会及时付款。对于买家已经拍下但是还没有付款的订单，卖家不可以直接关闭订单。针对买家下单之后半天内未付款、2 天内未付款的情况，卖家可以通过订单留言、站内信活动等相关聊天工具进行催付款，提高商品付款率。如果买家下单超过 2 天没有付款，则可以放弃该买家。

（1）提醒买家付款

Dear customer, we have got your order ××. But it seems that the order is still unpaid. If here's anything I can help with the price, site, etc.. Please feel free to contact me. Once the payment is confirmed, I will process the order and ship it out as soon as possible. Thanks!

（2）如果买家是新手，可能不太熟悉付款流程

We appreciated your purchase from us. But we noticed that you haven't made the payment yet. You may not know how to pay. This is a detailed payment process links：×××.

If you have any questions about payment, or any other reason that you don't want to go to complete the order, please let us know. We can help you solve the question of payment or make any changes to the order. Thanks again! We are all looking forward to get your answer as soon as possible.

（3）如果买家拍下产品半天没有付款，可能处于犹豫中

Thanks for your order. The item you selected is a one with high quality/a most fashion/most popular one with competitive price. You would like it. Since they are very popular, the product may sell out soon. Instant payment can ensure earlier arrangement to avoid short of stock. Thank you and awaiting your payment.

（4）如果买家下单后 2 天没有付款，之前发送的信息也没有回复，可能觉得价格高了或者找到了更合适的卖家，可以再试图促成交易

We found you haven't paid for the order you placed several days ago. The payment process has already been sent to you and I think you have already known how to pay. Our profit margin for this product is very limited. But if you think the price is too high, we can give you a discount of 3%. hope you are happy with it and you are welcome to contact me if there is anything else I can help with.

2. 物流相关的咨询服务

（1）修改物流

How are you today? This is ×××.

Firstly, thank you very much for your purchase, we really value your business.

Then we have to say sorry that your package had been declined by the Post office, cause it is electronic buttery products to pass Customs, which we can hardly control.

We are willing to ask if you'd like us to resend it to you via Sweden Post.

But the shipping time will be longer about 20-30 working days. Is that OK for you?

So, if you don't want to wait any more, we can issue a refund as soon as possible.

Please tell us which would you prefer?

Once again, we send our sincere apology and hope to hear from you soon.

Have a nice day.

（2）非美国地区，货值高，有跟踪号

Dear friend,

Thank you for your reply. We will send them by China Post Airmail with a tracking number. It will take about 30 to 40 days to your country. China Post is the biggest logistics company in China, and it will keep the items safe. You could choose other shipping company but you need to pay more shipping fee for them. So which way do you prefer?

Have a nice day.

（3）美国地区

Dear friend,

Thank you for your reply. We will send them by EUB with a tracking number. It will take about 7 to 15 business days to your country. Is that OK for you?

Looking forward to hear you soon.

Have a nice day.

（4）不寄特定国家

Dear friend,

Thank you for asking. In fact, we'd like to do business with you very much. However, recently your country's Custom House is quite strict with the packages from abroad, so we are not sure about whether the item could be able to arrive. Hope you can understand.

Maybe sometime later when the customs policy is not so strict, we will ship to your country.

If you have any other questions, please feel free to contact me.

Have a nice day.

五、任务实施

1. 课前预习

找到退款和纠纷处理界面（见图 10 – 2 – 2）。

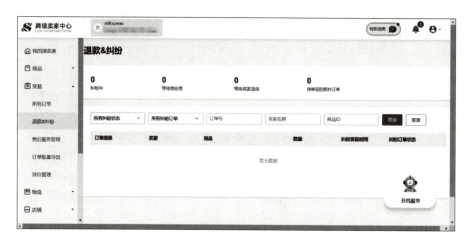

图 10 – 2 – 2　退款和纠纷处理界面

2. 课中练习

任务清单一　知识考察

问题 1：如何打消买家的犹豫，催促付款？

_____

_____

_____

问题 2：能够修改物流的情况有哪些？

_____

_____

_____

问题 3：如果买家想要修改配送方式，该如何回复？

_____

_____

_____

问题 4：如何提醒买家库存不多，请尽快付款？

_____

_____

_____

3. 课后巩固

以小组为单位进行角色扮演，模拟可能出现的售中咨询情况，请每个小组展示。

六、任务评价

1. 小组内评价（见表 10-2-1）

表 10-2-1　小组内评价

组员 1 姓名		学号		
评价指标	评价要点		分值	得分
参与态度	积极主动交流		30	
	能提出个人见解		40	
	互相尊重		30	
组员 1 组内评价得分				
组员 2 姓名		学号		
评价指标	评价要点		分值	得分
参与态度	积极主动交流		30	
	能提出个人见解		40	
	互相尊重		30	
组员 2 组内评价得分				
组员 3 姓名		学号		
评价指标	评价要点		分值	得分
参与态度	积极主动交流		30	
	能提出个人见解		40	
	互相尊重		30	
组员 3 组内评价得分				
组员 4 姓名		学号		
评价指标	评价要点		分值	得分
参与态度	积极主动交流		30	
	能提出个人见解		40	
	互相尊重		30	
组员 4 组内评价得分				

2. 小组间评价（见表10－2－2）

表10－2－2 小组间评价

小组编号			
评价指标	评价要点	分值	得分
展示效果	声音洪亮	10	
	表达清晰	30	
任务完成质量	信息搜索完整	30	
	操作准确	30	
小组得分			

3. 教师评价（见表10－2－3）

表10－2－3 教师评价

评价维度	评价指标	评价权重	评价要点	分值	得分
知识40%	单项知识掌握度	课程预习	学习资料的预习情况	10	
		基本知识	掌握课程知识内容	10	
		作业提交	作业提交情况	20	
能力40%	学习成果	信息搜集（20分）	完整性：能够完成任务清单的所有内容	5	
			准确性：能够准确搜集售中信息	10	
			规范性：能够按照任务要求规范分析	5	
		售中信息（10分）	完整性：能够完成任务清单的所有内容	3	
			准确性：能够处理售中信息	3	
			功能性：能够充分利用平台提示完成任务	4	
		售中咨询（10分）	完整性：能够完成售中咨询的所有内容	3	
			准确性：能够准确填写信息	3	
			高效性：能够按照时间进度完成任务	4	
素质20%	工匠素养		有操守：政治意识与诚信守法	3	
			有情怀：家国情怀与文化传承	3	
			关注跨境电商领域，勇于创新	3	
			细心：严谨认真，积极参与课堂活动	2	
			恒心：自主学习，勇于克服困难	2	
			精心：精益求精	2	
			责任心：服从组织调配和管理，敢于担当	2	
	劳动素养		吃苦耐劳，与时俱进	3	
任务二合计得分					

七、任务拓展

1. 个人反思（见表10-2-4）

表10-2-4　个人反思

姓名		学号		组号	
评价指标	评价内容			分值	分数评定
信息检索	能有效利用网络平台查找与售中咨询相关的规则等；能将查到的信息有效地传递到学习中			10	
感知课堂生活	熟悉售中咨询的情况，认同工作价值；在学习中能获得满足感			10	
参与态度	积极主动与教师、同学交流，相互尊重、理解、平等；与教师、同学之间能够保持多向、丰富、适宜的信息交流			10	
	能处理好合作学习和独立思考的关系，做到有效学习；能提出有意义的问题或能发表个人见解			10	
知识获得	能说出催促付款的咨询技巧			10	
	能区分物流相关的咨询服务技巧			10	
	能解决买家已拍未付款的情况			10	
	能根据实际情况跟踪物流咨询			10	
思维态度	能发现问题、提出问题、分析问题、解决问题、创新问题			10	
自评反馈	按时按质完成任务；较好地掌握了知识点；具有较强的信息分析能力和理解能力；具有较为全面严谨的思维能力并能条理清楚地表达成文			10	
自评分数					
有益的经验和做法					
总结反馈建议					

2. 小组优化

以小组为单位，对其他售中问题咨询进行归纳并优化。

3. 拓展训练

以小组为单位，模拟可能遇到的各种咨询问题，进行更新及优化。

思政园地
稳步推进海外仓高质量发展的专项行动

行业观察
中欧班列"跑"出新纪录

协作创新
跨境电商蓝海市场众多

任务三 售后咨询

一、工作场景描述

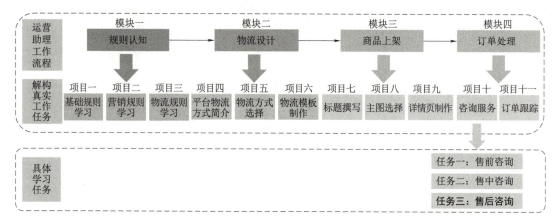

根据跨境电商运营助理岗位的工作流程,将课程分为四个模块,并解构工作内容,设计十一个项目和对应的学习任务。本任务为模块四"订单处理"项目十"咨询服务"中的第三个任务——"售后咨询",将用2学时完成。

二、任务描述

完成销售后,店铺不定时会有客户进行咨询,运营助理岗位需要提前制定好应对策略,分发给客服部门,具体的操作界面见图10-3-1。

图10-3-1 客户咨询界面

本次任务需要完成售后咨询信息的整理工作。

三、任务目标及重难点

通过本次任务，你应达到以下目标。

知识目标	1. 掌握售后咨询的常见情况； 2. 掌握售后咨询的处理话术
能力目标	1. 能够说出未收到货时的可能情况； 2. 能够根据具体情况回复售后咨询
素质目标	培养学生的创造精神和工匠精神，增强规则意识、服务意识
学习重点	掌握售后咨询的处理情况
学习难点	能够根据具体情况回复售后咨询

 四、相关知识点

1. 取消订单

（1）如果买家未付款

Dear friend,

Sure, we understand and we will cancel the transaction for you. Please don't worry.

Hope to do business with you next time.

Have a nice day.

（2）如果买家已付款

Dear friend,

How are you?

We're willing to cancel the transaction for you, but we couldn't do that now. Because you have paid for it. Please don't worry; we will send the full refund to your PayPal account, then I could cancel your order, is it OK for you? Hope to do business with you next time.

Have a nice day.

（3）如果卖家已发货，无法取消订单

Dear friend,

How are you doing today? This is ×××.

Thank you for telling us about that, we have check your parcel and we have to say sorry that it has been sent out. We can not stop the shipment. May be you can have put it on first and see if it is suitable after you receive the item, the sweater is in a casual style, maybe it just all right for you.

If you don't like it, and you can put it to your relatives or friends as a gift.

Sorry for the inconvenience and hope you can get it soon. Any questions, please feel free to contact us. We will try our best to solve it for you.

Have a nice day.

2. 没有收到货

(1) 如果是因为节假日物流延迟

Dear friend,

Thank you for purchasing and prompt payment. However, we'have the National Holiday from Oct 1 to Oct 7. During that time, all the shipping service will not be available and may cause the shipping delay for several days. Thanks for your understanding and your patience is much appreciated. If you have any other concerns, please. just let us know. Keep in touch.

Thanks.

(2) 如果是因为加强安检导致的物流延迟

Dear customer,

I just got the notice that all packets (from all countries) to US would be subject to stricter screening by the Customs. Due to the tightened Customs control and screening, the shipping time to US will be longer than normal. We appreciate your understanding and patience. You are also welcomed to contact us for your suggestions and any concerns.

Thanks.

3. 收到货

(1) 买家收到货说有问题，需要提供相关的照片

Dear friend,

We are quite sorry for this situation. Could you please send us the pictures about this problem? And we will solve it for you. Please don't worry.

If any other situations, please feel free to tell me. Hope to hear from you soon.

Have a nice day.

(2) 如果货物有问题，但是买家不愿意提供相关照片

We're so sorry for the unsatisfied purchase. We'd like to solve the problem, but we need the evidence that can shows the truth. But if no pictures to show the problem, It's not reasonable. It's not about the money, it's about the principle. If you think it was broken, you could send the picture and we will solve as soon as possible. As a honest seller, we are not willing let our dear valued customer suffer any losses. I can understand you. But we hope you could understand us. Could you make some try to take the photos? Any situations, please contact us firstly, we believe that good communications will solve the problem.

Hope to receive your picture soon.

Have a nice day.

4. 退货

(1) 如果买家想要退货

Dear friend,

We're so sorry to hear that you want to return it. If you really don't like it, we could provide you the return address, and we will give you the full refund when we get the item. But you should pay for the returned shipping fee. Is it OK for you? Looking forward to hearing you soon.

Have a nice day.

五、任务实施

1. 课前预习

找到后台评价管理部分,预习评价管理的积分规则(见图 10-3-2)。

图 10-3-2　评价管理界面

2. 课中练习

任务清单一　如何回复买家物流相关问题

问题 1:如果是买家第一次询问货物运输情况,时间在 20~40 天,该如何回复?

问题 2:如果货物没有收到,期限已经过了,对方语气强硬,该如何回复?

问题 3:买家再次询问物流情况,在 50 天以内,该如何回复?

问题 4:物流显示已经妥投,但是买家表示没有收到货,该如何回复?

任务清单二　如何回复买家商品相关问题

问题 1:买家觉得货物有问题,并发来照片,根据情况判断确实是货物问题,该如何回复?

问题2：如果货物收到后不合适，该如何回复？

问题3：如果是卖家发错颜色，该如何回复？

任务清单三　关于未收到货的其他情况

可能的情况	应对话术
没有跟踪号，货物已经在路上，在对方国家的海关，请对方再等等	
让买家去当地邮局询问	
没有收到货，提议退一半款	
想让买家再等7天	

3. 课后巩固

以小组为单位进行角色扮演，模拟各种可能出现的售后情况，请每个小组展示。

 六、任务评价

1. 小组内评价（见表10-3-1）

表10-3-1　小组内评价

组员1姓名		学号		
评价指标	评价要点		分值	得分
参与态度	积极主动交流		30	
	能提出个人见解		40	
	互相尊重		30	
组员1组内评价得分				
组员2姓名		学号		
评价指标	评价要点		分值	得分
参与态度	积极主动交流		30	
	能提出个人见解		40	
	互相尊重		30	
组员2组内评价得分				

续表

组员 3 姓名		学号		
评价指标	评价要点		分值	得分
参与态度	积极主动交流		30	
	能提出个人见解		40	
	互相尊重		30	
	组员 3 组内评价得分			
组员 4 姓名		学号		
评价指标	评价要点		分值	得分
参与态度	积极主动交流		30	
	能提出个人见解		40	
	互相尊重		30	
	组员 4 组内评价得分			

2. 小组间评价（见表 10-3-2）

表 10-3-2 小组间评价

小组编号			
评价指标	评价要点	分值	得分
展示效果	声音洪亮	10	
	表达清晰	30	
任务完成质量	信息搜索完整	30	
	操作准确	30	
	小组得分		

3. 教师评价（见表 10-3-3）

表 10-3-3 教师评价

评价维度	评价指标	评价权重	评价要点	分值	得分
知识 40%	单项知识掌握度	课程预习	学习资料的预习情况	10	
		基本知识	掌握课程知识内容	10	
		作业提交	作业提交情况	20	
能力 40%	学习成果	信息搜集（20 分）	完整性：能够完成任务清单的所有内容	5	
			准确性：能够准确搜集相关信息	10	
			规范性：能够按照任务要求规范分析	5	
		售后信息（10 分）	完整性：能够完成任务清单的所有内容	3	
			准确性：能够准确搜集售后信息	3	
			功能性：能够充分利用平台提示完成任务	4	

续表

评价维度	评价指标	评价权重	评价要点	分值	得分
能力 40%	学习成果	售后处理 （10 分）	完整性：能够完成售后处理所有步骤	3	
			准确性：能够准确填写信息	3	
			高效性：能够按照时间进度完成任务	4	
素质 20%	工匠素养		有操守：政治意识与诚信守法	3	
			有情怀：家国情怀与文化传承	3	
			关注跨境电商领域，勇于创新	3	
			细心：严谨认真，积极参与课堂活动	2	
			恒心：自主学习，勇于克服困难	2	
			精心：精益求精	2	
			责任心：服从组织调配和管理，敢于担当	2	
	劳动素养		吃苦耐劳，与时俱进	3	
任务三合计得分					

 七、任务拓展

1. 个人反思（见表 10-3-4）

表 10-3-4　个人反思

姓名		学号		组号	
评价指标	评价内容			分值	分数评定
信息检索	能有效利用网络平台查找与售后处理相关的规则等；能将查到的信息有效地传递到学习中			10	
感知课堂生活	熟悉售后处理的情况，认同工作价值；在学习中能获得满足感			10	
参与态度	积极主动与教师、同学交流，相互尊重、理解、平等；与教师、同学之间能够保持多向、丰富、适宜的信息交流			10	
	能处理好合作学习和独立思考的关系，做到有效学习；能提出有意义的问题或能发表个人见解			10	
知识获得	能说出售后咨询的常见情况			10	
	能说出售后咨询的处理话术			10	
	能说出未收到货时的可能情况			10	
	能根据具体情况回复售后咨询			10	
思维态度	能发现问题、提出问题、分析问题、解决问题、创新问题			10	

续表

评价指标	评价内容	分值	分数评定
自评反馈	按时按质完成任务；较好地掌握了知识点；具有较强的信息分析能力和理解能力；具有较为全面严谨的思维能力并能条理清楚地表达成文	10	
自评分数			
有益的经验和做法			
总结反馈建议			

2. 小组优化

以小组为单位，对售后服务可能发生的情况进行总结优化。

3. 拓展训练

以小组为单位，自学纠纷处理流程及指引（https：//sell.aliexpress.com/zh/__pc/wWh4jHgVr1.htm），讨论有关物流跟踪号的售后咨询问题，总结后展示出来。

Aliexpress 发货页面教程

思政园地	行业观察	协作创新
加快建设贸易强国（认真学习宣传贯彻党的二十大精神）	中国在世界各地超 1 800 个海外仓	党的二十大报告让青年创业者备受鼓舞

项目十一 订单跟踪

任务一 订单发货

一、工作场景描述

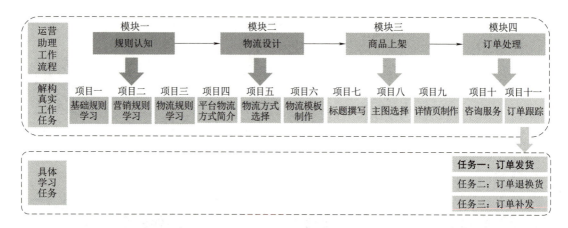

根据跨境电商运营助理岗位的工作流程,将课程分为四个模块,并解构工作内容,设计十一个项目和对应的学习任务。本任务为模块四"订单处理"项目十一"订单跟踪"中的第一个任务——"订单发货",将用2学时完成。

二、任务描述

当店铺有订单后,运营助理需要对订单进行处理,包括正常订单发货、有售后问题的订单退换货以及订单的补发等,具体的操作界面见图 11 – 1 – 1。

图 11 – 1 – 1 订单看板界面

本次任务需要完成一笔订单发货。

 三、 任务目标及重难点

通过本次任务，你应达到以下目标。

知识目标	1. 了解订单的六种类型； 2. 了解订单处理流程
能力目标	1. 能够区分订单的六种类型； 2. 能够处理一笔订单发货
素质目标	培养学生的创造精神和工匠精神，增强规则意识
学习重点	掌握订单处理流程
学习难点	能够处理一笔订单发货

 四、 相关知识点

1. 六种常见的订单类型

订单类型：未付款、代发货、申请取消、等待买家收获、纠纷中、已完成。

2. 正常发货流程

（1）第一步：进入订单界面

进入"我的速卖通"—"交易"—"所有订单"，选择"等待您发货"状态的订单。选择需要发货的订单，单击"发货"按钮（见图11-1-2）。

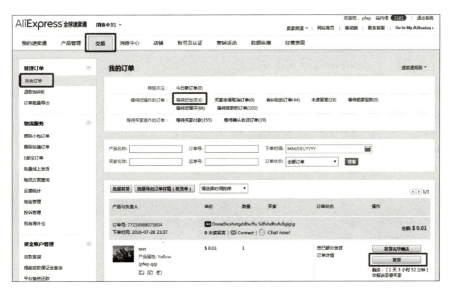

图 11-1-2　订单界面

订单状态显示"等待您发货"，单击"线上发货"按钮，见图11-1-3。

图 11-1-3 "等待您发货"界面

对于部分已发货的商品,将会看到"填写发货通知""发货完毕确认"和"线上发货"三个按钮,单击"线上发货"按钮,即可进入选择物流方案的环节(见图 11-1-4)。

图 11-1-4 "您已部分发货"界面

(2)第二步:选择物流方案

在"选择物流方案"界面,可以选择需要的物流服务。

当选择的物流服务与买家下单的服务不一致时,系统将提示确认。

选择完毕后,单击"下一步,创建物流订单"按钮(见图 11-1-5)。

图 11-1-5 选择物流方案界面

(3) 第三步：创建物流订单

单击"下一步，创建物流订单"之后，会出现图 11 – 1 – 6 所示界面。

图 11 – 1 – 6　创建物流订单界面

如果需要修改买家收件信息，可以单击"修改收件信息"按钮，会显示图 11 – 1 – 7 所示弹窗，可以在此编辑收件信息。

图 11 – 1 – 7　编辑收件信息界面

如果发件地址在物流商揽收范围内，系统会自动配置对应的仓库（见图 11 – 1 – 8）。

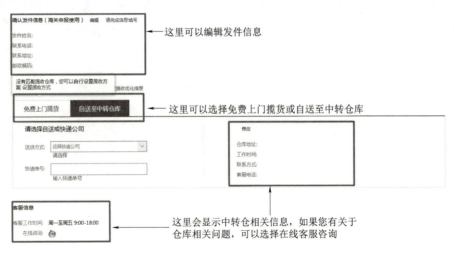

图 11-1-8　系统自动配置仓库界面

如果所在的地址没有推荐的揽收仓，系统会提示自寄至指定中转仓库（见图 11-1-9）。

图 11-1-9　自寄至指定中转仓库界面

如果依旧想上门揽收，可以单击"申请仓库上门揽收"按钮。

申请仓库上门揽收，请务必先于仓库沟通能否上门揽收，以免仓库拒单（见图 11-1-10 所示）。

图 11-1-10　申请仓库上门揽收界面

在创建物流订单的时候，在界面底部有关于无法投递包裹的处理方案，可以根据自己的需要，选择是否需要将包裹退回，或者在海外销毁。

当选择"退回"时，每单会收取固定金额的退件服务费。对于选择"退回"的包裹，如果发生目的国无法投递的情况,将不再收取退回运费(见图 11-1-11)。

图 11-1-11 如何处理目的国无法投递的退件界面

当选择"销毁"时,不产生退件服务费,将会免费为商家销毁包裹。

以上选择全部完毕之后,可以勾选"我已阅读并同意《在线发货-阿里巴巴使用者协议》",并单击"提交发货"按钮。至此,物流订单创建完毕。

(4)第四步:查看国际物流单号,打印发货标签

在物流订单创建完毕之后,会出现"成功创建物流订单"的提示(见图 11-1-12)。

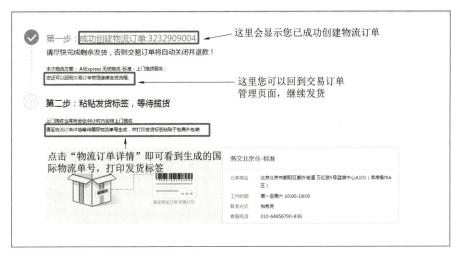

图 11-1-12 成功创建物流订单界面

可以单击"物流订单详情"链接,即可看到生成的国际物流单号,然后单击"打印发货标签"按钮(见图 11-1-13)。

图 11-1-13 打印发货标签界面

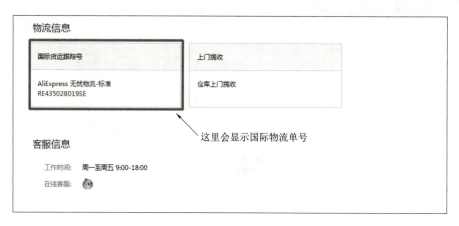

图 11 – 1 – 13　打印发货标签界面（续）

（5）第五步：填写发货通知

物流订单创建成功后，系统会生成运单号给卖家，卖家在完成打包发货、交付物流商之后，即可单击"填写发货通知"按钮，进入填写发货通知界面（见图 11 – 1 – 14）。

图 11 – 1 – 14　进入填写发货通知界面

五、任务实施

1. 课前预习

订单处理流程。

2. 课中练习

任务清单一　制作订单处理流程图

任务清单二　完成一笔订单发货

请将处理过程记录下来，上传学习平台。

3. 课后巩固

请每个小组展示处理订单发货的全过程。

六、任务评价

1. 小组内评价（见表 11–1–11）

表 11–1–11　小组内评价

组员1姓名		学号		
评价指标	评价要点		分值	得分
参与态度	积极主动交流		30	
	能提出个人见解		40	
	互相尊重		30	
组员1组内评价得分				
组员2姓名		学号		
评价指标	评价要点		分值	得分
参与态度	积极主动交流		30	
	能提出个人见解		40	
	互相尊重		30	
组员2组内评价得分				
组员3姓名		学号		
评价指标	评价要点		分值	得分
参与态度	积极主动交流		30	
	能提出个人见解		40	
	互相尊重		30	
组员3组内评价得分				
组员4姓名		学号		
评价指标	评价要点		分值	得分
参与态度	积极主动交流		30	
	能提出个人见解		40	
	互相尊重		30	
组员4组内评价得分				

2. 小组间评价（见表 11-1-2）

表 11-1-2　小组间评价

小组编号			
评价指标	评价要点	分值	得分
展示效果	声音洪亮	10	
	表达清晰	30	
任务完成质量	信息搜索完整	30	
	操作准确	30	
	小组得分		

3. 教师评价（见表 11-1-3）

表 11-1-3　教师评价

评价维度	评价指标	评价权重	评价要点	分值	得分
知识 40%	单项知识掌握度	课程预习	学习资料的预习情况	10	
		基本知识	掌握课程知识内容	10	
		作业提交	作业提交情况	20	
能力 40%	学习成果	信息搜集（20 分）	完整性：能够完成任务清单的所有内容	5	
			准确性：能够准确搜集订单信息	10	
			规范性：能够按照任务要求规范分析	5	
		订单信息（10 分）	完整性：能够完成任务清单的所有内容	3	
			准确性：能够准确搜集订单信息	3	
			功能性：能够充分利用平台提示完成任务	4	
		发货操作（10 分）	完整性：能够完成发货的所有步骤	3	
			准确性：能够准确填写信息	3	
			高效性：能够按照时间进度完成任务	4	
素质 20%	工匠素养		有操守：政治意识与诚信守法	3	
			有情怀：家国情怀与文化传承	3	
			关注跨境电商领域，勇于创新	3	
			细心：严谨认真，积极参与课堂活动	2	
			恒心：自主学习，勇于克服困难	2	
			精心：精益求精	2	
			责任心：服从组织调配和管理，敢于担当	2	
	劳动素养		吃苦耐劳，与时俱进	3	
		任务一合计得分			

七、任务拓展

1. 个人反思（见表 11-1-4）

表 11-1-4　个人反思

姓名		学号		组号	
评价指标	评价内容			分值	分数评定
信息检索	能有效利用网络平台查找与订单处理相关的规则等；能将查到的信息有效地传递到学习中			10	
感知课堂生活	熟悉订单处理的流程，认同工作价值；在学习中能获得满足感			10	
参与态度	积极主动与教师、同学交流，相互尊重、理解、平等；与教师、同学之间能够保持多向、丰富、适宜的信息交流			10	
	能处理好合作学习和独立思考的关系，做到有效学习；能提出有意义的问题或能发表个人见解			10	
知识获得	能说出订单的六种类型			10	
	能说出订单处理流程			10	
	能区分订单的六种类型			10	
	能处理一笔订单发货			10	
思维态度	能发现问题、提出问题、分析问题、解决问题、创新问题			10	
自评反馈	按时按质完成任务；较好地掌握了知识点；具有较强的信息分析能力和理解能力；具有较为全面严谨的思维能力并能条理清楚地表达成文			10	
自评分数					
有益的经验和做法					
总结反馈建议					

2. 小组优化

以小组为单位，再次检查商品订单信息，确保发货正确，并对发货流程进行优化。

3. 拓展训练

以小组为单位，自学好评率与差评率，做好订单追踪管理工作。

思政园地

中国连续五年成为货物贸易第一大国为世界经济复苏注入"强心针"

行业观察

跨境电商外贸发展新动能

协作创新

从二十大报告关键词看中国创新路径

任务二 订单退换货

 一、工作场景描述

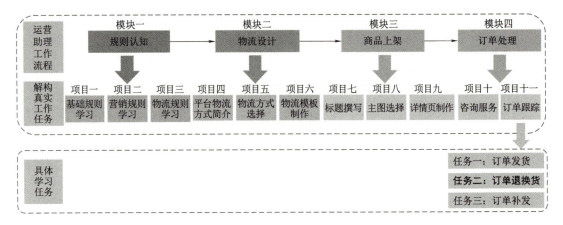

根据跨境电商运营助理岗位的工作流程，将课程分为四个模块，并解构工作内容，设计十一个项目和对应的学习任务。本任务为模块四"订单处理"项目十一"订单跟踪"中的第二个任务——"订单退换货"，将用2学时完成。

 二、任务描述

运营助理掌握订单处理流程后，还需要处理问题订单，比如买家对商品不满意，想要退换货，可以让买家申请退货退款。

本次任务需要完成异常订单的售后问题。

三、任务目标及重难点

通过本次任务，你应达到以下目标。

知识目标	1. 掌握可能遇到的售后情况； 2. 掌握订单处理的界面
能力目标	1. 能够找到待处理订单； 2. 能够完成一笔订单的退换货处理
素质目标	培养学生的创造精神和工匠精神，增强规则意识
学习重点	掌握可能遇到的售后情况
学习难点	能够处理订单的退换货

四、相关知识点

1. 可能遇到的售后情况——买家拒付

（1）买家拒付情况的定义

信用卡拒付是指一笔信用卡付款被持卡人拒绝支付，即买家要求信用卡公司撤销已经结算的交易。信用卡拒付的发生大多数是由于买家没有及时收到货物，或者对所购商品、服务不满意，据此向发卡行提出拒付申请，要求卖家退款的行为。如果遇到拒付订单，建议与买家沟通了解原因并尽量协商处理。

（2）买家拒付流程

买家向信用卡公司提出拒付申请→买家的信用卡公司向速卖通/支付宝的商家银行通报拒付，并向速卖通/支付宝扣除相应资金→速卖通/支付宝暂时冻结被拒付的交易→速卖通/支付宝立即向卖家发出电子邮件，要求其提供附加信息，用于对拒付提出抗辩→速卖通/支付宝会判责拒付的承担方。如果卖家没有责任，则速卖通/支付宝会解除先前冻结的交易。如果卖家有责任，速卖通/支付宝可按照卖家要求提起抗辩并等待买家信用卡公司对抗辩的反馈。

（3）注意事项

某些法律和信用卡组织的政策可允许买家在初次交易发生数月后提出拒付，通常情况下为180天。即使在已经签收并确认收货的情况下，买家还是有可能提起拒付。对于未收到货/货物描述不符的拒付订单，卖家可以积极和买家沟通，了解存在的问题，如是否在使用过程中遇到困难，努力寻找问题的解决方法以降低甚至避免此类损失。对于未授权拒付的，是指信用卡持有人向发卡行提起拒付申请，表示信用卡被未授权使用。在这种情况下，信用卡持有人和买家通常不是同一个人。物流信息可供信用卡公司做参考用，但如果未授权拒付成立，即便物流显示妥投，买家确认收货并给予好评，也是不冲突的。

（4）降低拒付风险的方法

1）跟买家保持良好的沟通，对所有查询都做出迅速而专业的回复，不要让买家觉得他的问题未被解决，尽量避免事件升级为拒付，造成损失。

2）保留发货证明。当用邮政或快递方式发货时，会从邮政/快递服务公司获得收据或邮寄证明，保存此收据，并确保其中具有所需的详细信息。建议使用平台指定的快递物流公司，以便能在线查询运送情况以及妥投证明。还可以向买家提供现实合理的送达日期来降低货物未收到拒付。

3）确保所售商品在网站上的描述与实际情况相符，更不要发布侵权商品（常见情况包含但不限于：发布仿冒某种品牌或款式的商品；商品标题或描述中明示该商品为模仿某著名品牌；发布品牌商品，但价格明显低于品牌商品；发布品牌商品的部件，但事实上并非该品牌部件等）。

2. 可能遇到的售后情况——纠纷及协商

1）纠纷及协商流程，见图11-2-1。

2）买家退款/退货申请。买家因未收到货、收到的货物不符、买家自身原因等，可以在卖家全部发货10天后申请退款（若卖家设置的限时达时间小于5天，则买家可以在卖

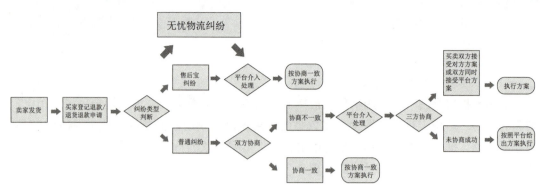

图 11-2-1　纠纷及协商流程

家全部发货后立即申请退款）。在提交纠纷页面中，买家可以看到选项"Only Refund"和"Return & Refund"，选择"Only Refund"就可以提交仅退款申请，选择"Return & Refund"就可以提交退货退款申请。提交退货退款/仅退款申请后，买家需要描述问题与解决方案以及传证据。买家提交纠纷后，纠纷小二会在 7 天内（包含第 7 天）介入处理。

五、任务实施

1. 课前预习

订单上网超时关闭规则详情

北京时间 2022 年 2 月 23 日公告

适用范围 & 关单条件与影响：

公告适用范围：发货地为中国的线上发货订单（不含仓发、国际快递订单）。

如全部发货的交易订单同时满足以下两个条件，该订单将被关闭：

1）订单下所有用于填写发货通知的物流单都处于关闭或取消状态；

2）订单下所有用于填写发货通知的物流单都已因超过修改物流单号时间（首次全部发货后 10 工作日内）而无法修改。

订单关闭影响：订单被关闭，订单下交易取消，买家将会在 3~20 个工作日收到退款。

2. 课中练习

任务清单一　巩固发货流程

第一步：

_____

_____

第二步：

_____

_____

第三步：

第四步：

任务清单二　可能遇到的售后情况

情况1：

情况2：

情况3：

情况4：

任务清单三　完成订单的退换货

请完成一笔订单的退换货，将操作过程记录下来，上传到学习平台。

3. 课后巩固

请每个小组展示处理订单售后问题的过程。

六、任务评价

1. 小组内评价（见表11-2-1）

表11-2-1　小组内评价

组员1姓名		学号		
评价指标	评价要点		分值	得分
参与态度	积极主动交流		30	
	能提出个人见解		40	
	互相尊重		30	
组员1组内评价得分				

续表

组员 2 姓名		学号		
评价指标	评价要点		分值	得分
参与态度	积极主动交流		30	
	能提出个人见解		40	
	互相尊重		30	
组员 2 组内评价得分				

组员 3 姓名		学号		
评价指标	评价要点		分值	得分
参与态度	积极主动交流		30	
	能提出个人见解		40	
	互相尊重		30	
组员 3 组内评价得分				

组员 4 姓名		学号		
评价指标	评价要点		分值	得分
参与态度	积极主动交流		30	
	能提出个人见解		40	
	互相尊重		30	
组员 4 组内评价得分				

2. 小组间评价（见表 11–2–2）

表 11–2–2　小组间评价

小组编号			
评价指标	评价要点	分值	得分
展示效果	声音洪亮	10	
	表达清晰	30	
任务完成质量	信息搜索完整	30	
	操作准确	30	
小组得分			

3. 教师评价（见表11－2－3）

表11－2－3　教师评价

评价维度	评价指标	评价权重	评价要点	分值	得分
知识40%	单项知识掌握度	课程预习	学习资料的预习情况	10	
		基本知识	掌握课程知识内容	10	
		作业提交	作业提交情况	20	
能力40%	学习成果	信息搜集（20分）	完整性：能够完成任务清单的所有内容	5	
			准确性：能够准确搜集订单信息	10	
			规范性：能够按照任务要求规范分析	5	
		售后信息（10分）	完整性：能够完成任务清单的所有内容	3	
			准确性：能够准确搜集售后信息	3	
			功能性：能够充分利用平台提示完成任务	4	
		处理操作（10分）	完整性：能够完成处理订单的所有步骤	3	
			准确性：能够准确填写信息	3	
			高效性：能够按照时间进度完成任务	4	
素质20%	工匠素养		有操守：政治意识与诚信守法	3	
			有情怀：家国情怀与文化传承	3	
			关注跨境电商领域，勇于创新	3	
			细心：严谨认真，积极参与课堂活动	2	
			恒心：自主学习，勇于克服困难	2	
			精心：精益求精	2	
			责任心：服从组织调配和管理，敢于担当	2	
	劳动素养		吃苦耐劳，与时俱进	3	
			任务二合计得分		

七、任务拓展

1. 个人反思（见表11－2－4）

表11－2－4　个人反思

姓名		学号		组号	
评价指标	评价内容			分值	分数评定
信息检索	能有效利用网络平台查找与订单处理相关的规则等；能将查到的信息有效地传递到学习中			10	
感知课堂生活	熟悉订单退换货处理的流程，认同工作价值；在学习中能获得满足感			10	

续表

评价指标	评价内容	分值	分数评定
参与态度	积极主动与教师、同学交流，相互尊重、理解、平等；与教师、同学之间能够保持多向、丰富、适宜的信息交流	10	
	能处理好合作学习和独立思考的关系，做到有效学习；能提出有意义的问题或能发表个人见解	10	
知识获得	能说出可能遇到的售后情况	10	
	能找到订单处理的界面	10	
	能找到待处理订单	10	
	能完成一笔订单的退换货处理	10	
思维态度	能发现问题、提出问题、分析问题、解决问题、创新问题	10	
自评反馈	按时按质完成任务；较好地掌握了知识点；具有较强的信息分析能力和理解能力；具有较为全面严谨的思维能力并能条理清楚地表达成文	10	
	自评分数		
有益的经验和做法			
总结反馈建议			

2. 小组优化

以小组为单位，梳理处理订单售后问题可能遇到的各种情况，并进行优化。

3. 拓展训练

以小组为单位讨论不同的售后情况，并提出优化方案。

思政园地

加快建设贸易强国
（认真学习宣传贯彻
党的二十大精神）

行业观察

拓展外贸发展新空间
跨境电商显示巨大市场活力

协作创新

教育部关于做好2023届
全国普通高校毕业生
就业创业工作的通知

任务三 订单补发

 一、工作场景描述

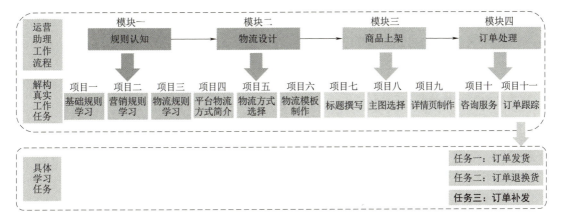

根据跨境电商运营助理岗位的工作流程，将课程分为四个模块，并解构工作内容，设计十一个项目和对应的学习任务。本任务为模块四"订单处理"项目十一"订单跟踪"中的第三个任务——"订单补发"，将用2学时完成。

 二、任务描述

订单的补发与订单发货一样，需要重新发起物流订单。运营助理应该具备举一反三的能力，按照实际情况完成订单的补发。

本次任务需要完成一笔订单补发。

三、任务目标及重难点

通过本次任务，你应达到以下目标。

知识目标	1. 巩固订单发货流程； 2. 了解线下发货流程
能力目标	1. 能够找到订单补发界面； 2. 能够完成线下补发货物
素质目标	培养学生的创造精神，举一反三和工匠精神，增强规则意识
学习重点	巩固订单发货流程
学习难点	能够完成线下发货流程

· 271 ·

四、相关知识点

线下发货就是在买家下单之后,卖家自己找物流商发货,需要卖家自己打包好货物之后,再由物流商上门收件,然后发货到目的地。这种方式的选择比较多,适合走线上物流发不了的货物,如纯电池、仿牌、液体等敏感货物。

发货流程:卖家线下联系物流商,并将货物打包好,物流商上门揽收,并支付运费,之后由物流商将货物运输到目的地。

 五、任务实施

1. 课前预习

常见的国际物流快递公司。

2. 课中练习

任务清单一　线上发货界面

请对线上发货所需的操作进行截图。

［截图］

任务清单二　完成一笔订单的补发

请将补发过程记录下来,上传到学习平台。

3. 课后巩固

请每个小组展示补发订单的全过程。

 六、任务评价

1. 小组内评价(见表11-3-1)

表11-3-1　小组内评价

组员1姓名		学号		
评价指标	评价要点		分值	得分
参与态度	积极主动交流		30	
	能提出个人见解		40	
	互相尊重		30	
组员1组内评价得分				

续表

组员2姓名		学号		
评价指标	评价要点		分值	得分
参与态度	积极主动交流		30	
	能提出个人见解		40	
	互相尊重		30	
组员2组内评价得分				
组员3姓名		学号		
评价指标	评价要点		分值	得分
参与态度	积极主动交流		30	
	能提出个人见解		40	
	互相尊重		30	
组员3组内评价得分				
组员4姓名		学号		
评价指标	评价要点		分值	得分
参与态度	积极主动交流		30	
	能提出个人见解		40	
	互相尊重		30	
组员4组内评价得分				

2. 小组间评价（见表11－3－2）

表13－3－2　小组间评价

小组编号			
评价指标	评价要点	分值	得分
展示效果	声音洪亮	10	
	表达清晰	30	
任务完成质量	信息搜索完整	30	
	操作准确	30	
小组得分			

3. 教师评价（见表 11-3-3）

表 11-3-3　教师评价

评价维度	评价指标	评价权重	评价要点	分值	得分
知识 40%	单项知识掌握度	课程预习	学习资料的预习情况	10	
		基本知识	掌握课程知识内容	10	
		作业提交	作业提交情况	20	
能力 40%	学习成果	信息搜集（20 分）	完整性：能够完成任务清单的所有内容	5	
			准确性：能够准确搜集订单信息	10	
			规范性：能够按照任务要求规范分析	5	
		订单信息（10 分）	完整性：能够完成任务清单的所有内容	3	
			准确性：能够准确处理订单信息	3	
			功能性：能够充分利用平台提示完成任务	4	
		补发操作（10 分）	完整性：能够完成订单补发的所有步骤	3	
			准确性：能够准确填写信息	3	
			高效性：能够按照时间进度完成任务	4	
素质 20%	工匠素养	有操守：政治意识与诚信守法		3	
		有情怀：家国情怀与文化传承		3	
		关注跨境电商领域，勇于创新		3	
		细心：严谨认真，积极参与课堂活动		2	
		恒心：自主学习，勇于克服困难		2	
		精心：精益求精		2	
		责任心：服从组织调配和管理，敢于担当		2	
	劳动素养	吃苦耐劳，与时俱进		3	
		任务三合计得分			

七、任务拓展

1. 个人反思（见表 11-3-4）

表 11-3-4　个人反思

姓名		学号		组号	
评价指标	评价内容			分值	分数评定
信息检索	能有效利用网络平台查找与订单补发相关的规则等；能将查到的信息有效地传递到学习中			10	
感知课堂生活	熟悉订单补发的流程，认同工作价值；在学习中能获得满足感			10	

续表

评价指标	评价内容	分值	分数评定
参与态度	积极主动与教师、同学交流，相互尊重、理解、平等；与教师、同学之间能够保持多向、丰富、适宜的信息交流	10	
	能处理好合作学习和独立思考的关系，做到有效学习；能提出有意义的问题或能发表个人见解	10	
知识获得	能说出订单发货流程	10	
	能说出线下发货流程	10	
	能找到订单补发界面	10	
	能完成线下补发货物	10	
思维态度	能发现问题、提出问题、分析问题、解决问题、创新问题	10	
自评反馈	按时按质完成任务；较好地掌握了知识点；具有较强的信息分析能力和理解能力；具有较为全面严谨的思维能力并能条理清楚地表达成文	10	
自评分数			
有益的经验和做法			
总结反馈建议			

2. 小组优化

以小组为单位，优化订单补发的流程。

3. 拓展训练

以小组为单位，总结订单处理的各种情况。

思政园地

中国电子商务报告 20201

行业观察

2021年度中国城市跨境电商发展报告

协作创新

二十大时光｜让年轻人有更好的创新创业环境